高等院校艺术设计专业丛书

标志与CIS设计

LOGO AND
◀ CIS DESIGN ▶

—— 张 毅 王立峰 / 编著 ——

重庆大学出版社

图书在版编目（CIP）数据

标志与CIS设计 / 张毅，王立峰编著. --重庆：重庆大学出版社，2018.8（2022.8重印）
（高等院校艺术设计专业丛书）
ISBN 978-7-5689-1298-3

Ⅰ.①标… Ⅱ.①张…②王… Ⅲ.①企业形象—设计—高等学校—教材 Ⅳ.①F272-05

中国版本图书馆CIP数据核字（2018）第173556号

高等院校艺术设计专业丛书

标志与CIS设计 张毅 王立峰 编著
BIAOZHI YU CIS SHEJI

策划编辑：周 晓

责任编辑：李桂英　　书籍设计：汪 泳
责任校对：刘 刚　　责任印制：赵 晟

重庆大学出版社出版发行
出版人：饶帮华
社　址：重庆市沙坪坝区大学城西路21号
邮　编：401331
电　话：（023）88617190　88617185（中小学）
传　真：（023）88617186　88617166
网　址：http://www.cqup.com.cn
邮　箱：fxk@cqup.com.cn（营销中心）
全国新华书店经销
重庆长虹印务有限公司印刷

开本：889mm×1194mm　1/16　印张：8.25　字数：252千
2018年8月第1版　2022年8月第2次印刷
印数：2 001—3 000
ISBN 978-7-5689-1298-3　定价：50.00元

出 版 说 明

"高等院校艺术设计专业丛书"自2002年出版以来,受到全国艺术设计专业师生的广泛关注和好评,已经被全国100多所高校作为教材使用,在我国设计教育界产生了较大影响。目前已销售一百万余册,其中部分教材被评为"国家'十一五'规划教材""全国优秀畅销书""省部级精品课教材"。然而,设计教育在发展,时代在进步,设计学科自身的专业性、前沿性要求教材必须要与时俱进。

鉴于此,为适应我国设计学科建设和设计教育改革的实际需要,本着打造精品教材的主旨进行修订工作,我们在秉承前版特点的基础上,特邀请四川美术学院、苏州大学、云南艺术学院、南京艺术学院、重庆工商大学、华东师范大学、广东工业大学、重庆师范大学等10多所高校设计专业的骨干教师联合修订。此次主要修订了以下几方面内容:

1. 根据21世纪艺术设计教育的发展走向及就业趋势、课程设置等实际情况,对原教材的一些理论观点和框架进行了修订,新版教材吸收了近几年教学改革的最新成果,使之更具时代性。

2. 对原教材的体例进行了部分调整,涉及的内容和各章节比例是在前期广泛了解不同地区和不同院校教学大纲的基础上有的放矢地确定的,具有很好的普适性。新版教材以各门课程本科教育必须掌握的基本知识、基本技能为写作核心,同时考虑艺术教育的特点,为教师自己的实践经验和理论观点留有讲授空间。

3. 注重了美术向艺术设计的转换,凸显艺术设计的特点。

4. 新版教材选用的图例都是经典的和近几年现代设计的优秀作品,避免了图例陈旧的问题。

5. 新版教材配备有电子课件,对教师的教学有很好的辅助作用,同时,电子课件中的一些素材也对学生开阔眼界,更好地把握设计课程大有裨益。

尽管本套教材在修订中广泛吸纳了众多读者和专业教师的建议,但书中难免还存在疏漏和不足之处,欢迎广大读者批评指正。

高等院校艺术设计专业丛书编委会

2018年6月

前　言

　　当人类开始拥有团体观念的时候，标志便有了产生的条件；当人类逐渐树立规范意识的时候，CIS（Corporate Identity System）便有了形成的基础。团体和规范对于人类生存发展有着非常重要的作用，因为建立了团体，人类的生存繁衍能力大大增强；因为形成了规范，人类从此告别蛮荒，迎来了文明进步的崭新历程。

　　漫长的发展历程造就了标志在不同时期的不同形态，远古先民的记号与图腾，欧洲中古时期的族徽、花押、纹章，中国封建社会的标记，工业革命以后的商标与现代标志，标志的形态变化显现出时代发展过程中物质因素与精神因素共同作用的结果。因此，即使是在通往未来的道路上，标志也展现出与人类进步同始终的发展力量，这似乎昭示着以标志为代表的视觉符号终将成为媲美文字的世界通用性语言。

　　与标志不同，CIS的发展历程并不长，但在短短的几十年间，CIS的发展速度却令人惊叹。CIS对于企业发展的重要作用自是无须多言，然而其"形象塑造"的能力让CIS适用的领域越来越广，大到国家，小至个人，类型多样、需求各异的企业、城市、团体、机构、赛事、活动等纷纷展现出对CIS的强烈渴求。如何适应对多元化的设计服务需求，如何打造个性化的宣传推广战略，今天的CIS面临着前所未有的新挑战，但也因此迎来了更多发展的空间和动力，CIS终将成为形象塑造与整合传播的主流手段方式。

　　标志设计与CIS设计一直以来是作为两个独立的课程开设，其优点在于学生能有更多的时间充分学习和实践，然而随着设计专业应用型教学与实践的不断强化，将两个课程分而治之的缺点就暴露得越发明显。标志在设计完成之后由于应用环节缺失所导致的目的认知不明确，标志对CIS重要性的认识不足，以及部分知识点重复等多个问题，都反映出将两个课程合二为一不仅是解决上述问题的有效手段，也是应对设计教育向应用型转变的课程改革的方式之一。

　　基于本课程教学的目的和特性，本书关注的重点是标志设计与CIS的VI设计部分，这是因为形象的展示与信息的传播都必须以标志与VI系统为载体与媒介，因此标志与VI设计的能力自然也是设计师必须具备的技能与修为。本书期望通过前瞻性的学术视野，重新梳理标志与CIS的理论知识体系，同时以优秀案例为导引，激发更多在设计实践中的思考、探索与创新。本书的写作目的虽然高远，但却受限于作者的视野与水平，恳请广大读者不吝指正；对为本书的写作和出版提供帮助的师长、朋友和众多无法署名的设计师们，在此一并致以最诚挚的谢意。

编者

2018年6月

目 录 ∷∷∷∷∷∷∷∷∷∷∷∷∷∷∷

PART

标志设计

一

LOGO DESIGN

1 标志概述

清晨伊始，打开手机，一个个APP（应用程序）图标接连跃入眼帘，轻松识别的愉悦感油然而生；走进超市，琳琅满目的商品带来的是触手可及的醒目与亲切；穿梭于繁华大街，无论白日还是夜晚，快速掠过的是一辆辆自报家门的汽车，张扬闪耀的是一幅幅过目难忘的广告，数量与密集度虽大却也能让人轻易辨识；聚焦信息媒体，各种运动赛事中那独一无二的形象识别，无不彰显着体育的激情与时尚……

标志，形象识别的核心。商标、企业与机构标志、运动会会徽、APP图标、城市与旅游形象标识等，都是标志在不同领域的表现形态。随着信息传播技术与媒介平台的不断发展，标志应用的媒体平台在不断拓展，向着多元化的方向发展。从平面呈现到空间拓展，从传统媒体的静态恒定到数字媒体的动态多元，标志的身影渗透到了与人类生活相关的所有层面。

标志以其简洁的外在形象、丰富的文化内涵、多元的应用拓展，将设计对象的信息准确、快速地传达给受众，并帮助设计对象建立一个良好健全的视觉形象。此外，随着社会认知程度的不断提升，标志的附加价值将会随之不断增长，这些附加价值将会成为企业无形资产的重要组成部分，进一步提升企业的品牌价值和市场竞争力。

1.1 认识标志

为什么要设计标志？这几乎是所有初学者都会问到的问题，简单通俗地讲，设计标志是为了让世界认识自己，这个答案简单直接、易于理解，明确了标志最基本的形象识别特点。但如果要从专业的高度真正认识标志，则需要在明确标志定义的基础上进一步理解标志的特性，这是初学者学习标志设计的首要环节。

1.1.1 标志的定义

标志，又称作标识或LOGO（标志或商标的外文LOGOtype的缩写），其汉语名词词义的解释是"表明特征的记号"。从字面意思和广义的角度理解，标志的范围其实非常广阔，既可以是记号，也可以是物体、行为、动作、声音等。不管标志以何种形态出现，其表明特征的功能是不变的。事实上，标志除了表明特征的功能外，还具有表达意义、传递情感和指令行动等方面的作用。

广义的标志被认为是表明事物或对象特征的记号，但如果从视觉传达设计的角度解释就属于狭义且专业角度的标志定义，而本书所阐释的标志定义是狭义的专业定义。标志，是一种由图形或文字构成的视觉传播符号，它以简洁精练的视觉形象、典型明确的符号特征与浅显易懂的识别特性，向外界传达特定的信息内容。作为一种视觉传播符号，标志在日趋复杂的社会环境中扮演着重要

图1-1　《舌尖上的中国》第3季

　　《舌尖上的中国》第3季是中央电视台出品的一部美食文化纪录片。该片主要讲述人与美食背后的温情故事，从历史演化过程中探究中国美食的迁徙与融合，深度讨论中国人与食物的关系。所以，第3季确定的主题关键词是"食物、人物、文化"。较之《舌尖上的中国》第1季和第2季所运用的海报宣传，第3季通过设计标志来强化其作为中国优秀纪录片的品牌形象，寓意第3季以美食故事作为载体，展示中华民族的百味人生，诠释天人合一的东方哲学。

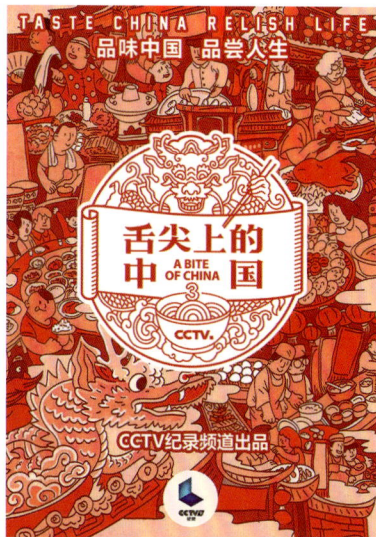

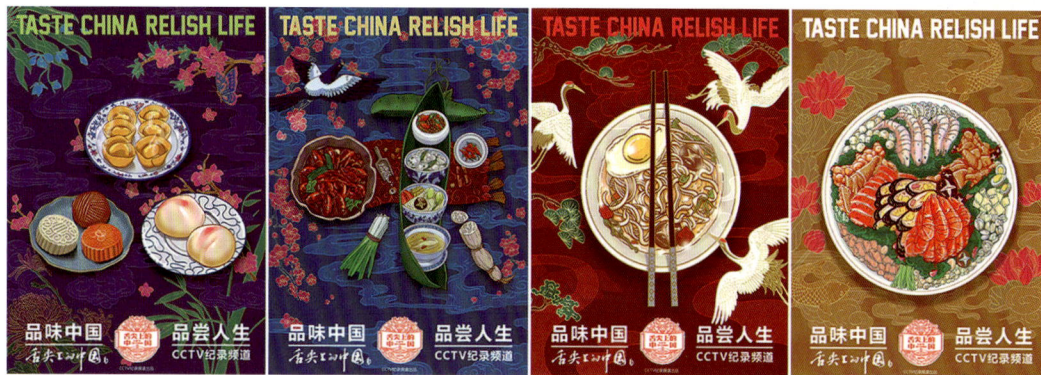

的角色。标志突破了语言文字的交流障碍，以其丰富的视觉表现语言传达特定的信息和内涵，成为今天人类信息传递与情感交流的重要桥梁。此外，随着时代的发展，标志的影响力也越来越大，除了生活层面，标志的影响力已经渗透到了人类的精神层面，对人类的精神意识有着潜移默化的作用，因此，标志成了现代社会中行业、领域、机构，甚至是个人视觉信息传达的核心要素（图1-1）。

1.1.2　标志的特性

　　标志，作为视觉信息传达的核心要素，肩负着信息传达和情感交流的重要作用，因此必须具备以下五个特性。

　　（1）识别性

　　识别性是标志最基本的特性，也是标志设计必须要满足的本质属性。识别性是指标志在视觉上要便于受众的辨识和理解。识别性阐释了标志与符号学之间紧密的关系原理。符号是指一个社会的全体成员共同约定的用来表示某种意义的记号，具备表述、传达和解释的功能作用，是沟通交流的重要载体。标志，简单来说就是一种符号，其存在的价值是通过视觉的方式向受众传递信息和表达情感，相比文字而言，标志的表述与传递方式更直观易懂。因此，标志的识别性必须以符号学原理为理论基础，理解符号在人类认知体系中的指代性与象征性，建构以符号学为基础的观察方式，以简洁单纯、指代明确的视觉核心形象形成标志的识别性。

　　（2）独特性

　　独特性是标志最能体现自身价值的特性。标志以独特鲜明的个性形象传递信息、诠释内涵、区别大众。简单来说，独特性是指标志在满足识别性基础上的在外观造型、风格形式等方面区别于其他标志的个性特征。这是因为，标志作为企业视觉传达的核心要素，对塑造企业与品牌形象有着至关重要的作用。因此，立足企业及设计对象本体，以企业理念或设计对象的精神内涵为核心，利用现代设计的手法塑造独一无二的视觉形象，提升受众的关注程度与记忆程度，是标志独特性的高层次价值体现。此外，独特性也是标志的设计艺术魅力与设计师创新思维的集中体现。

（3）审美性

审美性不仅是标志作为视觉形象核心必须具备的一项重要特性，也是标志作为设计艺术作品所必须具备的实用与审美结合的重要指标。审美性是指标志在具备识别性、独特性的基础上，必须要满足受众的审美需求和在设计艺术层面的外观和形式上的美观程度。审美性对于标志而言，在很大程度上不仅能够决定其信息传达的效力，还会影响受众对商品质量的信心以及对企业的信任度和认同感。因此，形态新颖别致、色彩和谐舒适，拥有视觉艺术美感的标志才能为受众创造尽可能完美的视觉体验，增强标志的感染力，提升信息传播的效率。此外，图形技术的发展也为标志设计的审美表现提供了广阔的空间和途径。

（4）准确性

准确性是标志在信息传达方面的一个重要特性，是指标志在反映企业或设计对象的信息内容和内在含义方面高度的明确性和精准性。因此，标志的准确性通常分为两个层次：第一个层次是标志必须明确地传达企业或设计对象的外在信息内容，这主要包括企业或设计对象的名称、产品特点、行业特征、领域属性等内容；第二个层次是标志准确性的高级层次，是指标志必须精准反映企业或设计对象的理念意识、文化内涵、发展目标、经营宗旨等核心价值取向，拥有深厚的内涵价值和鲜明的象征意义，能够引发受众的兴趣和关注，实现深度精准传播的目的。

（5）延展性

延展性是关于标志在推广使用方面的一个重要特性，包括空间延展的兼容性和时间延展的承续性两个方面。空间延展的兼容性主要是指经过设计以后的标志要具备规范化与标准化、系统性与拓展性两方面的特征，以便于标志突破设计制约，兼容在各类平面媒介、空间载体与数字媒体上的推广和使用。同时，随着时代的飞速发展，人类的意识形态、思维方式和审美指向都在不断变化之中，因此，时间延展的承续性是指标志要拥有时代气息和艺术魅力，避免极端性和局限性，能够经受时间的考验而拥有相对长久的使用功效，在岁月的洗涤和历练中成就经典（图1-2）。

图1-2 红姐酸辣烫

　　酸辣烫是贵阳的特色名小吃，是用竹签把食物串成串涮火锅的一种吃法。红姐酸辣烫是一家正宗的老贵阳酸辣烫，贵州上行设计在品牌设计的过程中，为了突出老贵阳的文化特点，标志设计的主题元素运用了贵阳的标志性建筑"甲秀楼"，同时将老贵阳的建筑、酸辣烫的食材，以及过去的生活用具和场景，运用怀旧的风格进行设计表现，不仅展现了美食的趣味性与品牌的年代感，还突出了贵阳的地方文化特色。

1.2 标志的起源与发展

作为一个归属于现代社会领域的词语，标志其实早在远古时代便已经有了雏形。在经历了科学技术发展和社会分工明确的漫长历程后，标志最终在现代商业社会中成熟并逐渐显示出越来越强大的作用力和影响力，标志也从早期人类信息传递的简单符号形态发展为承载人类信仰、蕴含人类智慧的现代符号语言，这是历史前进的必然结果。从单一拙朴到多元成熟，从突破语言文字的障碍到追求全世界的普遍识别性，标志的发展见证了人类信息传播的历史进程，也成为人类文明发展不可或缺的重要组成部分。因此，研究标志的起源与发展，不仅有助于深入了解标志的内涵与本质，也为分析标志的未来发展趋势奠定了重要的历史基础条件。

1.2.1 标志的原始形态

在文字产生以前，远古先民们使用结绳、垒石、刻画等方式作为记录事件和区分物体的记号，随着火的发现和利用，生产力水平得到了一定程度的进步之后，人类开始使用绘画和符号来记录事件和传达信息，这可以追溯到公元前15000—前10000年在法国南部拉斯考克（Lascaux）地区山洞中发现的原始壁画，这些洞窟壁画以动物为对象，绘制得简单而生动，已经具有强烈的符号特点。在北美洲发现古印第安人的岩画中，所绘制的对象变得更加简练和符号化，初步拥有了标志的形态特征。这些图形和符号发展到一定阶段，就促使了象形文字的产生。象形文字是通过对大自然事物的观察和提炼而形成的文字类型，相比图形符号而言，象形文字的图形性质较弱但拥有更强的象征性，是标志的原始形态中极为重要的发展阶段。

到了旧石器时代晚期的氏族公社时期，产生了人类社会最早的宗教信仰——图腾崇拜。图腾崇拜是将某种动物或植物视作与该氏族有亲属或其他特殊关系的崇拜行为，是原始宗教的最初形式。远古先民极为有限的认知水平使其无法解释一切自然现象与生老病死，认为所有发生的一切都是由神灵主宰，因而希望通过虔诚的信仰和崇拜获得神灵庇佑，故而将本氏族所认定的动物与想象中的神灵结合绘制成为图腾并赋予其内涵，作为氏族或部落的神圣标志，广泛应用在旗帜、立柱、器皿、服饰、文身甚至舞蹈之中，为整个氏族所共有，拥有深刻而强烈的象征意义。图腾是远古人类对自然物进行概括和提炼所得到的原始标志形态，拥有高度的符号性质和象征意义，它的产生不仅是人类第一次真正意义的设计尝试，还是设计从绘画中分离的起始点，对标志设计及相关研究具有非常重要的价值和意义。

归结而言，在形成初期这段漫长的时期内，标志共经历了洞窟壁画、图形符号、象形文字和图腾四个原始形态，形成了标志所必须具备的符号特征、含义诠释与象征意义，为标志之后的发展奠定了最为基础的形式与内涵特征（图1-3至图1-7）。

图1-3　法国南部拉斯考克地区山洞中发现的原始壁画

图1-4 北美洲普韦布洛印第安人岩画

图1-5 古埃及象形文字

图1-6 龙图腾（夏）

图1-7 玄鸟图腾（商）

1.2.2 欧洲的族徽、花押与纹章

族徽的历史可以追溯到原始的图腾崇拜，早期是指一个氏族或家族的专用徽标，在中世纪的欧洲为贵族专属的群体识别物。欧洲族徽使用的表现对象与形式非常丰富，涵盖了动物、植物、人像、建筑物、器物、兵器、具象装饰纹样和抽象符号、色块等，风格奢华而繁复，不仅具有代表古代欧洲封建贵族群体的明显特征，还具备了区分和辨识不同贵族群体的特点的功能。

花押产生于公元1世纪的希腊，是古代欧洲人用作签名的一种图形标记，通常被认为是体现所有权和归属认可的书面符号，就如同中国古人沾墨画押的性质一样。由于中世纪基督教的广泛传播，使得花押也拥有了浓郁的宗教气息，人们使用各种不同十字形的单线图形作为自身独特的花押。因此，相比族徽的复杂精美，花押虽显得粗陋单调，但却并不阻碍其识别和传播的作用。

纹章诞生于12世纪的欧洲十字军东征的战场，起初是为了区分身穿相似且包裹严密的铠甲的骑士身份而绘制在盾牌正面的扁桃形图案。随着时间的推移，纹章的使用逐渐普及开来，到14世纪的时候，纹章的使用已经蔓延到各行各业之中，无论是贵族还是平民，个人还是团体，都拥有使用纹章的权利，纹章因此逐渐形成了在设计、授予、展示、描述和记录方面的专门学问，称为纹章学（Heraldry），成为欧洲最为独特的视觉语言之一。纹章的外形主要为盾形、圆形、椭圆形、方形、菱形等，其中盾形最为常见，内容图案在中世纪时期多集中为动物和几何图案，有40多种，14世纪以后，越来越多的图案类型被使用到纹章的设计之中。但是，纹章设计最重要的设计规则并非图案，而是色彩，纹章的色彩必须限制在6种以内，这是纹章学基于纹章的可见性和辨识性所作的规定。此外，在17世纪以后，纹章的本体框架周围开始增加一些外部图案作为装饰附属物，统称为饰章，主要有盔饰（casques）、冠饰（couronnes）、布边（lambrequins）等。饰章通常设计得较为华丽和夸张，用以增加和强化纹章的个性特征，突出纹章拥有者的身份、地位、等级等特征。此后，随着欧洲经济的不断发展，在纹章的基础上还演变出了各种商人和行会的图标，为西方商业标志的出现起到了过渡和铺垫的作用。

在古代欧洲，以纹章、族徽和花押为代表的标志形态就已经建立了一套相对完整而系统的设计法则，这对标志设计的发展有着深远的影响和启示，特别是纹章的形式构造、设计法则至今还在很多欧美标志中得以沿用和传承，是现代标志设计不可或缺的重要历史资料（图1-8至图1-17）。

图1-8　西班牙哈布斯堡家族族徽

图1-9　德国维特尔斯巴赫家族族徽

图1-10　法兰克王国丕平国王的花押

图1-11　丹麦王室花押（从左至右依次为：汉斯国王、里德里克二世、克里蒂安二世）

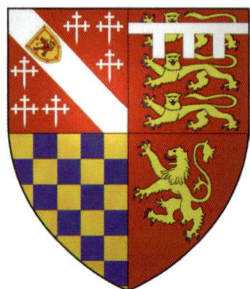

图1-12　英国王室纹章（从左至右依次为：兰卡斯特公爵、诺福克公爵、威尔士亲王）

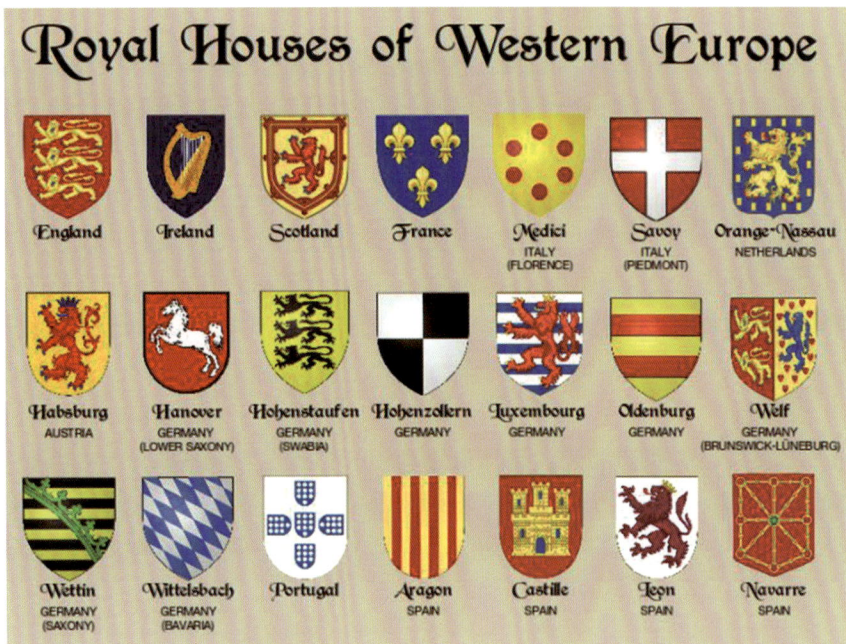

图1-13　西欧部分国家或家族的纹章

　　从左至右、从上至下依次为：英格兰王国、爱尔兰王国、苏格兰王国、法兰西王国、意大利的美第奇家族、萨伏伊公国、尼德兰的奥兰治·拿骚家族、奥地利的哈布斯堡家族、汉诺威公国、罗马帝国的霍亨斯陶芬家族、霍亨索伦家族、卢森堡公国、奥尔登堡家族、韦尔夫家族、德国的韦廷家族、维特尔斯巴赫家族、葡萄牙王国、阿拉贡王国、卡斯蒂利亚王国、莱昂王国、纳瓦拉王国。

图1-14　三个纹章风格的汽车徽标（从左至右依次为：兰博基尼、凯迪拉克、保时捷）

图1-15　四个纹章风格的英超联赛俱乐部会徽（从左至右依次为：利物浦、曼联、切尔西、阿森纳）

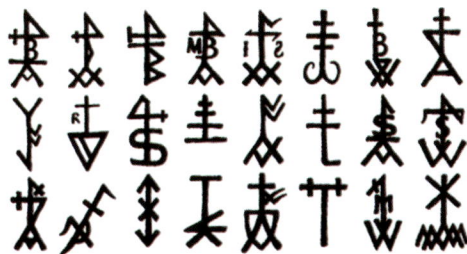

图1-16　14—17世纪欧洲的商人和行会图标

图1-17　17世纪英国乐器商人形象卡片

1.2.3　中国唐宋时期的标记

唐宋时期的标记是标志在漫长的中国封建社会中发展形成的典型形态，具有重要的历史意义和研究价值。但在此之前，在农耕经济主导的中国封建社会早期所形成的封泥印、印章与瓦当图形等中国标志的早期形态，不仅为唐宋时期标记的形成奠定了重要的形式基础，对于现代标志设计也有着重要的研究价值。封泥印是秦汉时期竹简文书或物件封发的证鉴，以泥固封，并在其未干前施以印记以作信验。封泥印是中国标志发展重要的早期形态之一，其形式通常为文字，风格质朴古拙、率真自然，具有天然去雕饰的传统气韵。印章源自封泥印，又称为玺印，是指用作印于文件上表示鉴定或签署的文具，具有权威性和礼仪性。秦代以后，只有皇帝的印章才可称为"玺"，官吏及一般人的印章称为"印"，分官印和私印。印章通常由玉石、金属和木材刻制而成，蘸取朱色印泥进行拓印，内容通常为纯文字形式或图文组合形式，分为"白底朱字"的阳刻和"朱底白字"的阴刻两种形式，字体随时代而变化，讲究布局紧凑、疏密得当、笔画匀称，兼具识别性和审美性，充分展现了中国式编排设计的艺术美感与情趣。瓦当又称为瓦头，是中国古代建筑中陶制筒瓦顶端下垂的特定部分，绘制有各种装饰图案。瓦当起源于西周，盛行于两汉，瓦当图形通常由图案或文字构成，初期为半圆形，于秦汉时期发展为圆形。秦汉瓦当的设计充分考虑了圆形轮廓与内在图形之间的适合编排关系与形式美感，因此瓦当除了本身的装饰功能外，不同的瓦当图形还展示出标记、识别和含义传达的作用，是各种圆形标志设计最有借鉴意义和参考价值的重要资源。

唐宋时期从时间上是指公元7世纪初期至13世纪末期大约550年的时间段，包括唐、五代十国、南北宋三个阶段。唐宋时期是中国封建社会最为强盛的时代，其特点是商品经济发达，文化艺术繁荣，这样的时代背景给了标志一个从容发展的广阔空间，形成了标志发展史上最具中国特色的重要发展阶段——标记阶段。唐宋时期的标记主要分为商铺标记和工艺品标记两大类，商铺标记的出现源自商业经济快速发展所带来的商铺之间的竞争需求，这些标记通常出现在商铺的招牌、门匾、酒旗、幌子、灯笼之上，除了吸引顾客，还能为商铺建立鲜明的形象与个性特征。同时，印刷术的不断发展给商铺标记的制作和应用提供了更加便捷的途径，除了牌匾招幌，标记开始出现在产品包装之中，进一步完善了商铺的形象系统设计。此外，商铺标记的构成形式也从早期的单纯文字组合逐渐发展演变成图文结合的新形式，为宋代以后中国商业标记的形态构成确立了基本的形式基础。工艺品标记主要是指陶瓷器和铜漆器的标记，众所周知，中国陶瓷名满天下，特别是唐宋时期，不仅陶瓷的制作技艺达到了历史巅峰，其烧窑制瓷的规模更是超越了以往的任何时代，除官窑外，各种私窑遍布全国，著名的钧、汝、官、哥、定五窑就诞生于北宋时期。为了标明陶瓷的产地和质量等级，陶瓷品底部都会有标记出现，被称为"底款"。"底款"多由文字构成，在陶瓷品上釉后直接烧制而成，具有产地区分和真伪辨识的功能。铜漆器的标记在作用和形式方面与陶瓷器标记相仿，但铜漆器标记采用的是镌刻的方式呈现于产品之上，因此展现出与陶瓷器标记不一样的风格气韵。归结而言，中国唐宋时期的标记主要是利用汉字书法的艺术特征进行编排设计，进而结合图形表现强化标记的记忆特征与装饰个性，已初步具备了商业标志所需要的功能与作用。

在经历了标志发展的原始状态之后，由于中西方在意识形态和文化领域的差异，标志在以中世纪为代表的西方古代和漫长的中国封建社会时期分别形成了各自不同的发展形态，这种发展态势映射出文化对标志发展进程的重要影响，也展示出标志多元形态发展所形成的个性特征与价值取向（图1-18至图1-27）。

图1-18 封泥印（左：右丞相印/秦，右：宋公相印/东汉）

图1-19 印章——张炳樊印（汪关/明）

图1-20 瓦当——青龙、白虎、朱雀、玄武

图1-21 各色各样的圆形瓦当

图1-22 "认门前白兔儿为记"——山东济南刘家功夫针铺标记（北宋）

这是现存较早的印制于包装纸上的中国古代商铺标记。标记中间印有一只持针的白兔，上部文字为"济南刘家功夫针铺"，中部文字为"认门前白兔儿为记"，下部文字为"收买上等钢条，造功夫细针，不误宅院使用，转卖兴贩，别有加饶，请记白"。

图1-23 "博古轩"招牌（清）

图1-24 乾隆年间瓷器底款——文字款（清）

图1-25 康熙年间瓷器底款——树叶款（清）

图1-26 契丹文八角铜镜（辽）

图1-27 漆器笔筒（清）

1.2.4　工业革命之后的商标

1760年左右从英国开始以能源变革为中心的第一次工业革命，引发了技术和工业的一连串革新，极大地推动了生产力的发展，并从根本上动摇了欧洲封建主义的根基，为现代资本主义的发展奠定了坚实的基础。这场工业革命一直持续到19世纪40年代，在这近百年的时间内，以蒸汽机和内燃机为代表的新能源完全替代了动物牵引和水力推动等旧能源，开创了使用机器替代手工劳动的新时代，实现了从传统农业社会向现代工业社会的历史转变，因此，第一次工业革命，不仅是一场技术的改革，更是一场深刻的社会变革。19世纪60年代，随着资本主义经济的发展和科学研究领域的进步，第二次工业革命蓬勃兴起，人类进入了电气时代。两次工业革命极大地推动了资本主义经济在全球的快速发展。随着商业竞争的不断加剧和商业环境的日趋复杂，标志也进入了其发展的成熟阶段——商标阶段。首先，为了满足竞争的需求，越来越多的企业开始设计使用标志，标志的数量超过了以往的任何时代；其次，工业革命的机器化大生产推动了商品经济的大发展，逐步形成了氛围浓厚的近代商业文化，在这样的社会大环境中，标志设计也随着设计分工的精细化独立成为一个重要的视觉设计门类和学科。

两次工业革命以后，西方国家的资本主义经济飞速发展，资本主义生产的社会化大大加强，随着垄断组织的产生，西方发达国家争夺世界市场和经济霸权的斗争越发激烈。在这样的国际环境之下，西方国家的商业标志也呈现出与环境相吻合的时代风貌与精神气质，追求国际化与独特性并重，偏好单纯的形态与简洁的风格，是这个时期商业标志的典型特征。首先，为了满足资本主义企业全球扩张的发展战略，很多西方企业，特别是大型跨国公司都选择使用企业名称的英文字母进行设计来作为商标，这是因为英文字母是全球使用最为广泛的文字，具备高度的普遍识别性，能够赋予商标形、声、意三位一体的功能，是商标具备国际化特征的主流设计方式之一。其次，随着国际竞争的加剧，企业对自身形象的重视程度也随之不断加剧，使用英文作为商标的企业在其字体的设计上全力追求独一无二的个性特征，以期建立与众不同的视觉形象；使用图形作为商标的企业在发展中不断提炼和优化核心元素，使其形态变得更加单纯简洁且具备高度的符号化特征，不仅满足了时代发展对商标提出的普识性与易记性的需求，还强化了品牌形象识别的承续性和延展性。

中国商标的发展进程要远远落后于西方，1840年，第一次鸦片战争推开了清政府闭关锁国的大门，也拉开了中国近代商标设计的帷幕。从虎视眈眈带有侵略意味的洋商标，到爱国情节彰显的民族商标，中国近代商标受到了太多社会和政治因素的影响，在荆棘丛生的道路上曲折前进，最终坚强地发展了起来。中国近代的西方商标是西方资本主义国家对中国进行经济侵略的重要武器之一，资本家们通过商标形成的品牌识别来强化商品的竞争力。为了更好地侵占中国市场、保护自身的经济利益，由英国人罗伯特·赫德代拟的《商标注册试办章程》在1904年由晚清政府正式颁布。首先，早期的中国西方商标大多使用了西方列强的威武形象，目的是向中国人展示其强大的经济和军事实力，后来，慑于中国人的反帝情绪和抵制行为，也为了继续在中国倾销商品和占领市场，一些西方商标开始迎合中国人的喜好进行改变或使用中国传统图案进行设计，本土化成为这个时期西方商标的一个重要特点。其次，在西方列强占领中国市场，攫夺中国利益的同时，也极大地刺激了中国民族工商业的大力发展，随着封建枷锁的打破，中国的商标制度也逐渐走向完善，1923年北洋政府颁布了《商标法》及《商标法施行细则》，标志着中国近代商标管理进入了有法可依的时期，这也是民族资本主义经济发展的客观要求。这个时期的民族商标一方面体现出浓厚的民族特点和爱国情结，这不仅是中国人的文化习俗和消费心理的体现，也凸显出中华民族爱国救亡的民族精神，是半殖民地半封建社会的中国政治经济状况的集中体现。另一方面，由于受到西方文化的影响，民族商标也具备了一定的时代性和国际化，形成了中国近代民族商标中西文化交融的独特风格特征。

工业革命之后的商标，受到材料发展和技术进步的影响很大，除了基于纸张的平面印刷，商标可以以更多的形态与工艺呈现于不同的材质之上，商标因此能够被更加广泛地运用到更多的展示领域，这对于提升企业和商品的宣传效力，整合商品和企业形象提供了更有力的技术后盾（图1-28至图1-33）。

图1-28　德国拜耳制药商标演变历程
　　从繁复厚重的雄狮商标到简约经典的十字形文字标志，德国拜耳制药的商标演变历程突出地展现了工业革命以后西方商标的发展路径。

1881

1886

1895

1904 （Hans Schneider）

（LOGO used for export）

1929

1989

2002 (added logotype was used only in exceptional ciramstances)

2010

图1-29　美国施乐公司商标演变历程

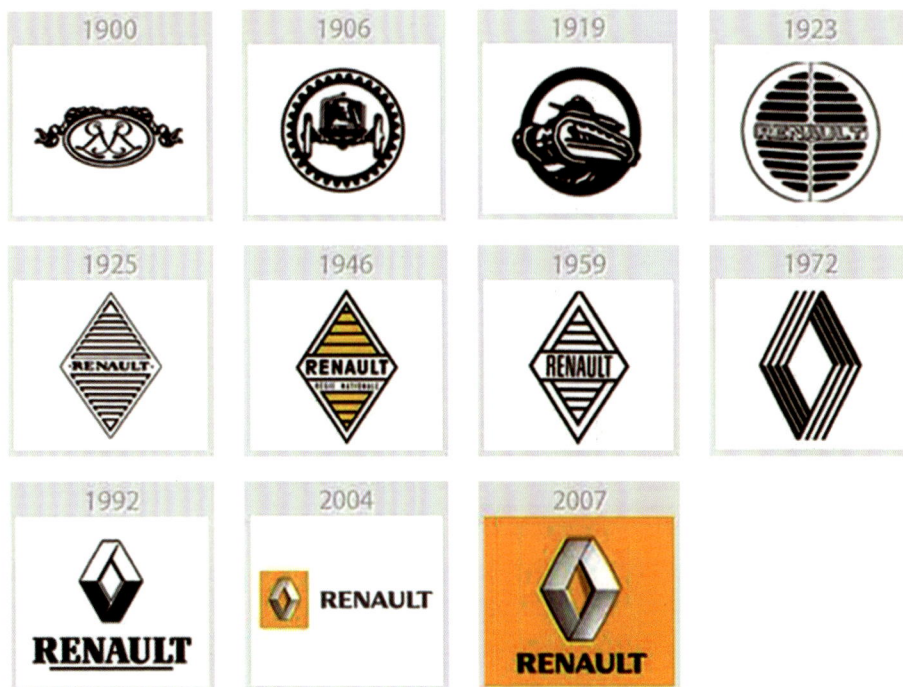

图1-30　法国雷诺汽车商标演变历程

图1-31 民国时期的西方商标——英商山海关汽水有限公司

图1-32 民国时期的西方商标——日本仁丹商标与抗日战争期间大量出现的仁丹广告（日本森下仁丹株式会社）

图1-33 民族商标（从上至下依次为：南华牌国货皮线商标、聚珍仿宋印书局商标、立鹤牌商标）

1.2.5 20世纪50年代以后的标志

20世纪50年代，对于西方国家来说是具有重要意义的时代。第二次世界大战以后，经过几年艰苦的重建，西方国家的经济得到较大程度的恢复，发生在科学技术领域的以信息技术和新能源技术为代表的第三次工业革命极大地推动了人类社会在经济、政治、文化领域的变革。经济发展对标志设计的强烈需求，促使标志设计在20世纪50年代以后得以迅速发展；同时，日趋国际化的市场环境促使了国际主义平面设计风格的产生与流行，对西方标志设计的发展产生了深刻的影响。西方标志设计在20世纪50年代以后进入了拓展期，首先，标志的使用不再局限于商业领域，以奥运会会徽为代表的标志在其他领域的应用越发流行起来，标志逐渐成为现代交流与沟通中最为重要的视觉语言之一，为全世界所普遍认可和接受。其次，受经济活动全球化和国际主义平面设计风格的影响，商业标志的功能性被进一步强化，形态单纯、视觉特点简单明确的商业标志是这个时期国际化视觉信息传达的主流。再次，由于标志追求个性和独特性的设计特征，也因为不同地区和国家在文化传统、民族个性等方面的差异所导致的审美喜好不同，越来越多的设计风格开始出现并被时代所接纳和包容，在丰富标志的表现形式的基础上为标志增添了更多的审美艺术特征。最后，计算机软件设计系统的研发成功为标志的制作与表现提供了更加快捷和多元的途径，使标志实现了从平面到立体、从静态到动态、从单一有限到多元无限的视觉表现方面的重大转变。

中华人民共和国成立之后，随着经济的不断发展与社会的日渐稳定，中国的标志设计也开始逐渐发展起来。在中华人民共和国成立初期到20世纪60年代这段时间内，中国的标志无论是名称还是形态都寄托着人们对美好生活的热切向往，充满着对新中国和社会主义的崇敬和热爱之情。到了"文化大革命"时期，标志设计也不可避免地受到政治斗争的影响，大都充满着浓烈的政治氛围和红色文化气息，带有明显的时代烙印，是中国标志发展的停滞时期。70年代末期，中国进入了以经济发展为中心的改革开放新时期，经济的迅速发展极大地推动了中国标志设计的发展和国际化进程；此外，5000年悠久的文化艺术传统也成为中国标志设计的溯源与根基，立足本土、回归传统的设计新思维已成为中国标志设计立足世界的重要基础（图1-34至图1-36）。

Berlin-Layout | **BERLIN**

图1-34 瑞士平面设计师安东·斯坦科夫斯基为柏林市设计的视觉传达设计方案（1968年，国际主义平面设计风格）

图1-35 新中国的标志（从左至右、从上至下依次为：永久自行车/张雪父、红旗汽车/艾必瑶、中国铁路/陈玉昶、大白兔奶糖、北京亚运会/朱德贤、白猫洗洁精）

WHITE RABBIT

大白兔

白猫

CORREIOS

1970

Correios

2014

图1-36 巴西邮政

　　巴西邮政（简称ECT，也被称为Correios）是在巴西进行全国邮政服务的国有公司，成立于1663年。随着社会不断地发展和进步，巴西邮政原有的形象已经无法发挥其应有的功能，因此巴西邮政决定重新设计自己的形象系统。2014年5月6日，巴西邮政推出了全新的视觉形象系统，使用已有40余年的箭头符号标志成为过去。新的形象进一步强化了巴西邮政信任与承诺的品牌价值，同时也传递了巴西邮政具有的紧密性、灵活性和活跃性。

1.3 标志的功能与分类

标志的功能与分类是两个独立却又紧密联系的知识点，功能阐释了现代标志所要承载的功能与发挥的作用，分类则解释了从用途和形式的不同角度分类的标志类型。首先，功能是标志分类，特别是按用途分类的基础，明确了标志在不同领域的需求要点和应用价值；其次，标志的分类将标志的功能与作用进一步细化和具体，也体现了不同类别的标志在具体功能方面的侧重点。

1.3.1 标志的功能

功能是标志存在的意义和价值，在经历了漫长的发展历程以后，现代标志已经具备了特征描述、形象建立、信誉保障、价值创造、文化积淀五大功能，这些功能结合标志的性质与使用领域又有各自不同的侧重点。

（1）特征描述

特征描述是指标志将所属对象的性质、特点等信息快速地传达给受众，使受众能够在短时间内对标志及所属对象产生认知、记忆和理解。特征描述是标志最基本的功能，也是标志进行信息传播并为外界所识别的基础。在商业领域，商标能够通过特定的渠道和方式将产品和服务等信息快速、准确地传达给消费者，引导和刺激消费者发生购买行为，达到促销的作用。同时，特征描述也是一种身份证明，是标志表明归属、区别他人的重要手段和方式，众所周知，已注册的商业标志受国家法律保护，商标注册人享有该商业标志的专用权，他人不得仿冒。

（2）形象建立

形象建立是指标志具备帮助所属对象建立外在的视觉识别形象的功能，这首先是基于标志的独特性，其次是因为标志使用的高频率与广范围，容易在受众心目中留下深刻的印象。由于分类和使用领域不同，标志可以帮助建立的形象也较为多元，商标能够帮助建立产品和服务形象，企业或机构标志所展现的团体形象，活动或赛事标志打造的特色各具的识别形象，公共信息标识所形成的具有通识性的符号形象，诸如此类，优秀的标志不仅具备形象建立的功能，还能赋予形象深厚的内涵，让形象能够准确传递、深入人心。

（3）信誉保障

信誉，简单来说是诚实守信的声誉，是指依附在人与人之间、企业或机构之间、商品交易之间形成的一种相互信任的生产关系和社会关系。信誉在社会活动特别是商业经济活动中尤为重要，信誉的建立是企业长期诚实、公平、履行诺言的结果，因此讲求信誉是商业道德的基本规范之一。标志不仅是优质的产品、良好的服务、雄厚的实力的象征物，还是获得消费者认可，增强企业市场竞争力的重要武器，是信誉最为重要的外在保障之一。因此，标志保障信誉的功能将促使企业重视核心建设，增强企业凝聚力，持续维护企业信誉。

（4）价值创造

价值创造功能是在其信誉保障功能基础上形成的，是指标志能够为其所属对象创造价值。标志创造的价值分为无形价值和有形价值两部分，无形价值是指标志在保障信誉的基础上，能够提升其所属对象的知名度和诚信度，以及受众的关注度与忠诚度，形成标志最重要的形象力价值，使标志的所有者能够获取更大的收益。有形价值主要是指商业标志在注册成功以后随时间流逝所形成的可以计算和衡量的实际价值，由于商标的专用性，这种价值将成为企业资产的重要组成部分，随企业的发展和壮大而不断增长。

（5）文化积淀

企业文化，是企业在经营活动中形成的经营理念、经营目的、经营方针、价值观念、经营行为、社会责任、经营形象的总和，企业文化是企业的灵魂，是推动企业发展的永恒动力。标志从诞生之日开始，就承载了企业的核心价值观和精神理念，随企业文化的发展而变化，是企业文化最经典的符号浓缩与视觉载体。同时，企业文化必须具备鲜明的个性和特色，在传承中发展，在发展中创新，企业文化不仅要反映时代精神，还要与企业所处的经济环境、政治环境、文化环境、社会环境相融合，因此，标志不仅是企业文化积淀的载体，还是企业文化传播的媒介（图1-37）。

图1-37　碧然德集团

碧然德（Brita）集团是全球饮用水优化领域的龙头企业之一，总部位于德国陶努斯坦镇，其20个子公司遍及世界各地，并在德国、瑞士、英国和意大利拥有多家生产基地。碧然德产品现在几乎随处可见，其过滤水产品从世界各地的自动售水机和饮水机流入千家万户和众多餐厅。碧然德新标志在其成立50周年时（2016年）面向全球发布，新标志由两滴水交融在一起，呈现出一种流动的和谐，象征着生命本身的丰富多样，同时代表着碧然德独立、自信的企业理念与智能的滤水解决方案。

1.3.2　标志的分类

标志的分类可以从多种角度出发。其中，从用途和形式出发进行的分类是标志分类最主流的两种形式，涵盖了标志在功能作用和设计形式两方面的主要特点。

（1）按用途分类

● 商标

商标是指经过登记注册受商标法律保护，被广泛应用于商业领域的标志类型。商标是商业经济发展到一定阶段的产物，是企业为区别产品或服务的不同品牌和制造商而设计应用的视觉形象载体，商标既是品牌的视觉形象核心，也是企业资产的重要组成部分（图1-38、图1-39）。

● 企业标志

企业标志是指用于代表企业单位形象的标志类型。企业标志有时与商标是一致的，有时是不一致的，一个企业或集团可以拥有多个代表不同产品或服务品牌的商标，但代表企业或集团形象的通常是一个标志形象，突出企业形象识别的统一性和专属性（图1-40、图1-41）。

图1-38　内蒙古蒙牛乳业

"®"是"注册商标"的标记，意思是该商标已在国家商标局进行注册申请并已经商标审查通过，成为注册商标。

图1-39　美国星巴克咖啡

TM是英文trademark的缩写，是商标符号的意思，即标注TM的文字、图形或符号是商标，但不一定已经注册，美国商标通常加注TM。在中国，商标上的TM有其特殊的含义，它与®不同，TM表示的是该商标已经向国家商标局提出申请，并且国家商标局也已经下发了受理通知书，进入了异议期，这样就可以防止其他人提出重复申请，也表示现有商标持有人有优先使用权。

图1-40　百胜餐饮集团

百胜（Yum）餐饮集团是全球最大的餐饮集团，在全球100多个国家拥有超过34000家连锁餐厅和85万多名员工，分别在烹鸡、比萨、墨西哥风味食品及海鲜连锁餐饮领域名列全球第一。图为百胜餐饮集团及其旗下餐饮品牌标志，依次分别为百胜集团标志与肯德基、必胜客、艾德熊、塔可钟、海滋客、小肥羊和东方既白七个餐饮品牌标志。

图1-41　伊利实业集团与旗下高端风味奶品牌"味可滋"的标志

●团体与机构标志

团体与机构标志主要是指包括国家标志（国徽）、国际组织标志、城市形象标志、职能机构标志在内的一系列代表组织或团体形象的标志类型，这些标志不仅在各自领域的沟通交流中起着重要的作用，还能反映所属团体或机构的价值特点和精神面貌（图1-42至图1-47）。

●活动与赛事标志

活动与赛事标志是指各种节日、庆典、会议、演出、博览会等活动和各类体育赛事的标志类型，这些标志不仅能够准确描述活动与赛事的性质与特征，还能体现不同活动的主张与理念，彰显各种赛事的主题与精神（图1-48至图1-54）。

●公共信息标志

公共信息标志是指表示识别、指示、导向、警示、禁止、命令等功能的各类图标。交通枢纽、包装与产品说明书、出版物、网络软件等各类有需要的领域或载体均可使用这些图标，其形象简洁、含义直接，能够被大多数人所快速理解，具有超越语言文字的通用识别性（图1-55）。

图1-42　中国奥委会标志

图1-43　国际足联标志

图1-44　中国台湾台中市申办2022世界设计之都的标志

图1-45　中国四川省雅安市城市形象标志

图1-46　美国乔治华盛顿大学标志

图1-47　桑坦德银行（西班牙国际银行）标志

图1-48　世界四大电影节标志——美国电影艺术与科学学院奖（奥斯卡金像奖）、意大利威尼斯国际电影节（威尼斯金狮奖）、德国柏林国际电影节（柏林金熊奖）、法国戛纳国际电影节（戛纳金棕榈奖）

图1-49　2022年北京冬奥会会徽

图1-50　2014年韩国仁川亚运会会徽

图1-51　香港理工大学75周年校庆标志

图1-52　上海交通大学120周年校庆标志

图1-53　2019年德国联邦园艺博览会会徽

图1-54　2013年中国锦州世界园林博览会会徽

图1-55　一组优秀的公共信息标志（左为酒店与酒店服务图标，右为医学与医疗保健图标）

（2）按形式分类

● 图形标志

图形标志，简言之就是以图形为表现主体的标志类型。图形标志不仅具有超越语言文字局限的通识性，还拥有多元的表现形式，因此图形标志更为直观、生动且具有丰富的表现力和感染力。图形标志主要分为具象图形标志和抽象图形标志两大类。

具象图形标志是指忠于客观事物的具体形态，通过概括、提炼、拟人、夸张等手法设计而成的标志类型。具象图形标志通常是将与所属对象相关的具体事物进行设计加工而成，具有鲜明的形象特征和本质表现，因而具有更加直观的传达性和明确的识别性（图1-56）。

抽象图形标志是指使用各种非具象图形语言设计而成的各种标志类型。相比具象图形标志而言，以点、线、面为代表的抽象图形语言构成的抽象标志虽然直观性较弱，但却拥有更加强烈的形式感、秩序美和超现实性，是当代标志设计不可或缺的主流图形语言（图1-57）。

● 文字标志

文字标志，是指使用字体作为设计主体的标志类型。文字标志一般以企业名称、简称、缩略词、首字等内容进行设计，除了具有直接的视觉传达功能外，还具备可阅读的语音功能。文字标志可视和可读的双重功能能够增强受众的记忆，强化信息传播的力度。文字标志主要分为汉字标志、字母标志与组合文字标志三种类型。

汉字标志，是指以汉字字体为主体设计而成的标志类型。汉字是集形、音、义三位一体的文字体系，具有多感官识别的传播特性。同时，以书法字体为代表的汉字字体蕴含着独特的民族特色和精神气韵，在倡导传统复兴的时代，汉字标志将在一体化的国际环境中占有越来越重要的地位（图1-58）。

图1-56　三个具象图形标志（从左至右依次为：Elsie Mo啤酒、中美合资东方梦工厂电影制片公司（陈幼坚）、柳大爷餐饮集团）

图1-57　三个抽象图形标志（从左至右依次为：JennAir厨房用具、法国Orano能源公司、SWOP素养培训）

图1-58　三个汉字标志（从左至右依次为：泸州城市形象标志、懂苏州餐厅、重庆秀山西街刘卤（张毅））

字母标志，主要是指使用拉丁字母设计而成的标志类型。拉丁字母是全世界使用最为广泛的文字体系，具有广泛的易识性和便于记忆的特征。拉丁字母的外观形态大都接近几何形，形态单纯、结构简单，易于造型变化与编排组合，是当今世界文字标志设计的主流形式（图1-59）。

组合文字标志，是指由汉字、字母、数字等其中的二者或三者组合而成的标志类型。组合文字标志也是利用不同文字字体的优势特征进行组合式信息传递的标志类型，是经济活动全球化和多文化融合的标志发展的必然形态，是信息传播的多元化与针对性的完美结合（图1-60）。

● 图文组合标志

图文组合标志是指将图形与字体进行组合设计的标志类型。首先，图文组合标志利用图形与文字各自不同的优势特征进行巧妙的组合设计，充分发挥图文并茂的传播优势，增强信息传播的效率。其次，图形与字体之间形成的互为补足的构成关系使信息的传递跨越了时间和空间的距离，让更多受众易于识别和理解。再次，文字所具有的表达含义的功能能够消除图形可能带来的歧义，帮助受众更加准确地理解标志及其含义。最后，在图文组合标志的设计中，部分标志的图形与文字可以互为转换，增加标志的趣味，强化标志的氛围，进一步提升标志的艺术审美性（图1-61）。

图1-59 三个字母标志（从左至右依次为：领袖岛人像摄影馆（王立峰）、美国Pacific Foods、Billie女性剃毛用品）

图1-60 三个组合文字标志（从左至右依次为：凌动智行移动互联网、马来西亚私营电视台NTV7、华一装饰（张毅））

图1-61 三个图文组合标志（从左至右依次为：汉口人家热干面、烂番茄影评网站、上海国际旅游度假区）

2 标志设计实务

要设计一个成功的标志并非一件容易的事情。在这个成功标志的背后，总会有曲折艰难的过程，这个过程包含多个复杂的环节、科学性与艺术性的紧密结合，工作周密而严谨；在这个过程中，充满着一次次关于创意的苦思冥想，一次次关于造型的反复推敲，一次次关于色彩的屡屡斟酌，一次次关于表现的探索尝试，时而文思泉涌，时而搜索枯肠，整个过程痛并快乐着。简言之，优秀的标志是复杂漫长过程中设计师艰苦努力的成果。

2.1 标志设计的程序

标志设计的程序是指关于标志设计的整个工作流程，这个流程包括调研分析、构思创意、设计制作与应用检测四个环节，四个环节紧密相连、缺一不可。

2.1.1 调研分析

调研分析是标志设计十分重要的前期准备工作，是为了详细了解委托方的设计诉求和全面掌握关于设计对象的基本情况、目标受众的生理与心理特点、同行业竞争对手的数据指标等与标志设计密切相关的各种情况所做的一系列工作，是关系到标志设计是否具备科学性、合理性和适用性的重要环节。调研分析分为调研和分析两个阶段：首先，调研是上述各种信息获取的唯一手段，包括实地考察、访谈交流、市场调查和资料收集等过程，通过调研可以获得大量真实有效的数据和信息；其次，通过对所获取的数据和信息的整理、筛选和分析，撰写策略方案并制订标志的设计计划，为之后的环节设定准确的工作方向。

2.1.2 构思创意

在经过缜密的调研分析，确定策略方案和设计计划之后，标志进入了构思创意的阶段。构思创意是指围绕着既定的设计目标和主题所展开的全部思维活动。首先，构思创意不仅是一个思维的拓展和延伸的过程，还是一个感受的凝结和提炼的过程，这个过程以前一阶段工作的成果为基础，确定设计对象的主要特征、代表事物、含义指向、象征表达等标志设计的核心创意理念。当然，核心创意理念的建立并非易事，要求构思过程达到足够的深度和广度。其次，在确立了标志的核心创意理念之后，将要进行的是关于标志的要素构成、形式表现等具体创意工作，将抽象的文字构思转换为形象的视觉创意，完成从理性思维到感性思维的转换。

2.1.3　设计制作

设计制作是指在构思创意之后所进行的关于标志的设计与制作的过程，分为草图绘制和正稿制作两个阶段。草图绘制是在构思创意成果的基础上展开的一个为时较长的创作过程，这个过程需要发挥充分的想象力和创造力，尝试多方向的试验性方案，为之后的提炼和筛选累积充足而高质量的方案资源。此外，对大量的草图方案进行优化选择也是本阶段的重点，其中，忠于核心创意理念，准确传递设计对象信息，富有个性与审美艺术性的方案是首选。标志的正稿制作阶段也是调整和优化的阶段，应当在软件工具的支持和形式美原则的帮助下，对标志的形态结构、比例构成、组合变化等方面进行精细化调整与优化，提升标志的视觉和谐度和艺术美观性。另外，正稿制作也是实现标志的色彩搭配与效果表现的重要环节。

2.1.4　应用检测

标志设计的最后一个阶段，是对已经设计完成的标志进行应用检测。众所周知，标志信息传达的高效性是基于标志在各种视觉传播媒体上的完美应用，因此，检验标志设计的成功与否，就在于标志能否兼容在各种视觉传播媒体上的应用。需要注意的是，应用检测必须具备检测的完整性和真实性。首先，完整性是指标志的应用检测必须要全面考虑到标志可能应用到的载体和媒介类型，从微到大、从平面到立体、从真实到虚拟，应当面面俱到。其次，应用检测的真实性表现在两方面，一是预测性检测，是指要充分利用计算机软件技术进行应用模拟，以高质量的效果图还原标志应用的真实环境，以便在标志未正式发布前拥有调整和优化的空间；二是诊断性检测，是指在标志进行真实应用以后及时进行诊断，确定问题缘由，进而调整和优化，提升标志在之后应用中的质量（图2-1）。

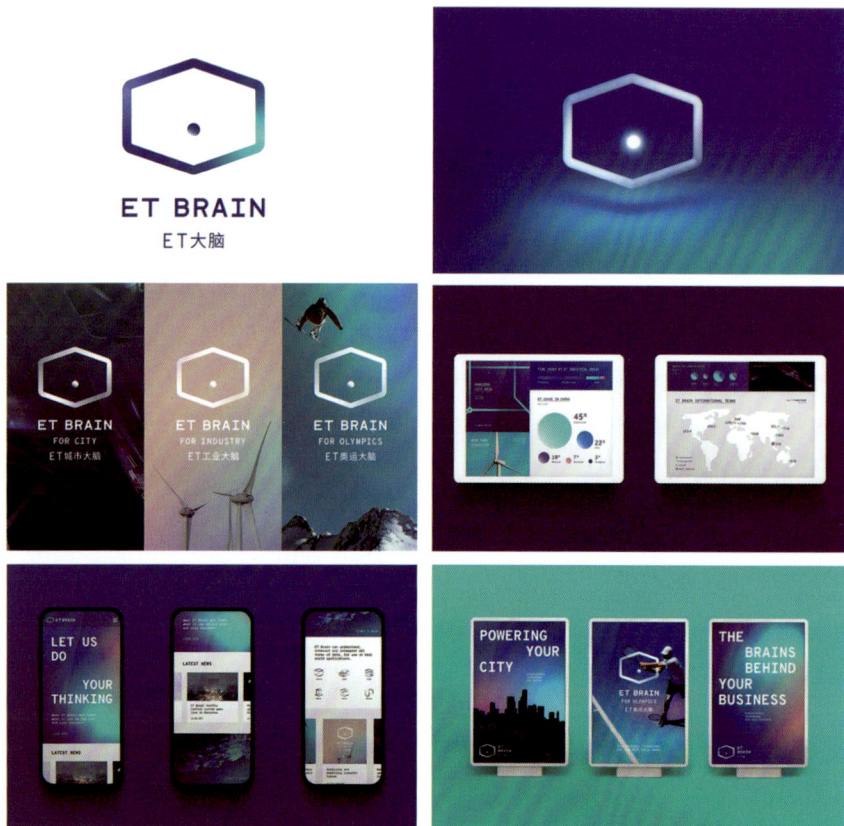

图2-1　阿里巴巴人工智能"ET大脑"

2017年12月20日，阿里云在"2017云栖大会·北京峰会"上正式推出整合城市管理、工业优化、辅助医疗、环境治理、航空调度等全局能力为一体的"ET大脑"，全面布局产业AI。知名品牌设计公司沃尔夫奥林斯（Wolff Olins）和阿里云的设计师、品牌专家为"ET大脑"设计了全新的品牌形象系统。

"ET大脑"是全球首个类脑架构的AI，具备量子拓扑核心能力，将对创业公司、开发者、行业公司开放。阿里巴巴CEO张勇此前在介绍ET大脑时，曾这样形容其工作模式：当一个急救中心收到急救电话的时候，我们的城市大脑可以实时规划出一条最优的路线，还能精确预测到沿途的每个路口到达的时间，并且实时地去控制红绿灯的信号。车辆出发后，我们这个"ET大脑"会全程护航，提前十几秒把控红绿灯的变化，清空车道。"ET大脑"要做的就是在互联网这样一个设施基础上，能够利用丰富的城市数据资源，对城市全局进行及时分析，有效调配公共资源。

"ET大脑"的标志由简洁的六边形图形外框及圆点组成。圆点元素代表计算输入和输出的核心，代表能量之源，也代表"ET大脑"从单点智能到全局智能的突破，是全局智能的核心。该标志色彩设计的灵感源于人类大脑活动时不同区域的彩色热力图，标志主色调为蓝紫色调，同时以暖色调作为辅助，利用渐变色彩体系的动感效果展示阿里云人工智能是有温度的科技。

2.2 标志设计的内容

标志设计的内容是指标志设计需要完成的全部工作项目，主要包括标志的创意、标志的造型、标志的色彩和标志的表现四个环节，这四个环节具有明确的前后关系，标志的创意在先，接下来是标志的造型，在造型的基础上再是色彩和表现，这是标志设计的内容项目之间的一般性顺序原则，也是从事标志设计简单易行的基本步骤。

2.2.1 标志的创意

标志的创意是一个思维活动的过程，是在调研分析所形成的策略方案的基础上对标志的表现题材、个性特征、风格形式所做的设想与表述。在这个环节，首先要掌握的是标志的创意方法，其次是要了解标志的创意与风格之间的关系，理解风格对于标志设计的重要性。

（1）标志的创意方法

选择适合的创意方法是寻找标志创意突破口的关键所在，因此掌握标志的创意方法至关重要。根据标志在类型、目的和功能方面的区别，标志的创意方法可归纳为陈述、象征、比喻和故事四种手法。

● 陈述

陈述是指使用设计对象的名称、简称或者与设计对象紧密相关的图形进行设计，用以直接表现设计对象相关的或产品与服务，或功能与行业特征等显性特点。首先，陈述这种方法的作用直接而明确，因此标志的表现题材应当能够最大限度地突出设计对象的特征，并且具有相对稳定性，能够拥有较长的使用时限；其次是标志的表现题材并不具有使用的专属性，因此对于题材的个性特征和风格形式的创意就显得至关重要，紧扣题材、避免雷同、新颖美观是陈述这种方法的使用原则。简单来说，陈述是标志创意方法中最简单易懂的一种，是初学标志设计必须掌握的创意方法之一（图2-2）。

● 象征

象征是常用的标志创意方法，是指运用特定的视觉图形或符号来表达设计对象的重要特征，以诠释和传达某种抽象的概念、思想和情感，引发受众的心理共鸣，强化标志的传达力度。相比陈述的直接明了，象征则显得含蓄而富有深意，能够将抽象的概念、思想和情感转化为可以感知的视觉形象，给受众留下深刻的印象。象征这种方法的运用，除了首先要把握对象的重要特征外，还要考虑受众对于标志象征意义的理解和接受程度，由于生活环境、文化信仰的不同，不同地区与民族的人们对于象征的理解是不一样的，因此，结合标志应用的领域和传播的范围，标志的象征意义应当具有覆盖广泛、理解准确、传达深入的特点（图2-3）。

● 比喻

比喻是指运用特定的视觉图形来表达与之相关的标志含义的创意方法。比喻也是常用的标志创意方法之一，比喻的应用应当建立在两者之间在性质或关系方面的共性的基础上。比喻利用富有创造力的视觉图形从侧面巧妙地表达或诠释标志的含义，借乙说甲，将复杂、抽象、难以理解的概念或思想转化为简单、生动的视觉图形，不仅能够赋予标志更多的趣味性，还能给受众留下思考和联想的空间，增加标志与受众之间的思维互动，让受众在思考与联想中发现设计对象更多的重要特征，从而对设计对象有更加深入的认识和了解（图2-4）。

● 故事

故事是指选用故事中的角色或道具作为标志设计的表现题材的创意方法。简单来说，故事就是将故事中的角色或道具进行形象化视觉设计，借用故事在受众中的流传度、认知度和记忆度，顺势而行，将设计对象的相关信息快速准确地传达给受众。同时，过程描述的连贯性与情节表达的生动性是故事这种文学体裁的重要特点，有利于受众在与故事的互动与交流中加深对标志的认知和理解；此外，故事中反映的某个社会范围的文化意识形态，将赋予标志更加深厚的内涵与价值（图2-5）。

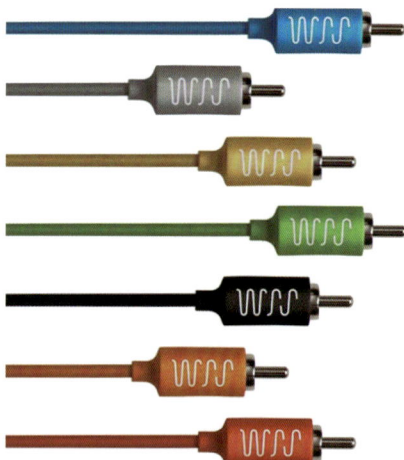

图2-2　美国音箱设备商Well Rounded Sound

Well Rounded Sound（WRS）是一家在美国设计及生产桌面精品音箱设备的公司，致力于为广大音箱发烧友生产高品质音箱设备，于2015年更换了新品牌形象，新形象由位于纽约的Hinterland设计公司设计。新标志将"WRS"字母巧妙地与波浪线结合，在体现声波的同时也给人一种充满能量的振动，整体的圆形呼应了音箱的造型，定制的圆角字体也强化了这种圆形感，凸显了品牌名称和产品造型，为品牌注入了一种情感化的温暖气质。

图2-3　美国网上订餐平台OpenTable

OpenTable成立于1998年，总部位于加州的旧金山，是美国最早的一家网上订餐服务公司。目前OpenTable已有超过1.5万家餐厅，约175万个餐车遍布世界各地。OpenTable的存在是为了提供一流的餐饮体验，OpenTable通过连接餐厅、人和社区，使他们能够分享一些生活中最充实的时刻。OpenTable的标志便始于这样一种想法，利用圆点和圆环的简单视觉图形创建了具有凝聚力的视觉形象，象征着OpenTable通过建立餐厅和顾客之间的连接，帮顾客找到完美用餐体验；同时也象征顾客才是OpenTable永远的焦点。

图2-4　安奈儿童装

安奈儿（Annil）是深圳市安奈儿股份有限公司的自主品牌，其以优质环保的面料、简洁新颖的款式、舒适大方的穿着等产品特征，赢得了广泛的市场认可，已发展成为我国知名的童装品牌之一。2015年8月1日，安奈儿2016年春夏新品发布秀于深圳完美落幕，在发布会现场，安奈儿新标志正式亮相，以陪伴文化内涵升级品牌形象。新标志延续原LOGO核心视觉元素，运用简洁线条勾勒出的相亲相依的双兔形象，比喻孩子和父母之间的彼此守护，寓意用心陪伴客户的安奈儿。高高竖起的兔耳朵则比喻安奈儿积极向上、团结互助的精神。

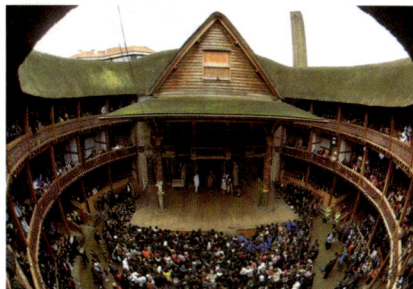

图2-5 莎士比亚环球剧场

　　莎士比亚环球剧场坐落在泰晤士河南岸的南华克区，最初的环球剧场由威廉·莎士比亚所在宫内大臣剧团于1599年建造，1613年6月29日毁于火灾。1997年，一座现代仿造的环球剧场落成，命名为"莎士比亚环球剧场"。不久前，来自伦敦的设计公司The Partners设计完成莎士比亚环球剧场的新标志，新标志看起来就是一个简单的红色圆圈，但在这个圆圈的背后却有一个迷人的故事。据说剧院所使用的地皮是老板詹姆斯·伯比奇租借来的，眼看租期将满，剧场何去何从成了一个很大的问题，詹姆斯·伯比奇为此绞尽脑汁也没有想出解决的办法。1596年詹姆斯·伯比奇去世，这个难题留给了他的儿子柯斯伯特，柯斯伯特想出了一个很绝妙的办法，顺利地解决了问题。他在泰晤士河对岸的南华克区，离玫瑰剧院不远的地方找到了一块地皮，将原来的剧场整个拆除用在新地皮上进行重建，结果仅用了不到8个月的时间，新的剧院就建成开张了。由伦敦的设计公司The Partners设计的剧院全新的标志符号灵感便来自这个古老的建筑原型。首先，这个圆圈是由20边的多边形组成，不仅还原了16世纪建成的原剧场的建筑外形，而且，莎士比亚在他的历史剧《亨利五世》中，曾借合唱队之口将这个漂亮的"木头圈子"做了一通褒奖。今天的莎士比亚环球剧院是在环球剧院不断被损毁和翻修的基础上以橡木材质搭建，尽可能地还原出伊丽莎白时期的剧院样式。所以，标志又似木头雕刻的"印章"。

（2）标志的创意与风格

　　对风格的设想和定位是标志创意环节中的重要任务之一，目的是进一步明确标志的形式特征和精神气质。标志的风格是指标志所呈现的独特外观形式，是标志的表现题材与个性特征的形象化表述，是标志创意的重点。从二者的关系而言，标志的创意包含了对风格的创意，然而风格的最终形成则有赖于标志的造型、色彩与表现的共同作用。在标志的创意环节，风格是一种设想和规划，是标志的造型、色彩与表现的方向性描述；在标志设计完成之后，风格是一种能够被感知的，具有视觉艺术美的外在表现体。因此，标志的创意与风格之间既是一种包含关系，也是一种承续关系。

　　在当代，标志的风格已走向多元化的发展道路，各种风格在今天这个时代都能得到很好的包容、发展与体现，这是历史发展和时代进步的必然趋势。优秀标志设计作品的风格通常呈现出独特性、审美性和完整性三个特点，受设计对象、市场需求、受众群体、社会环境、文化背景等客观因素与设计师的生活阅历、艺术修养、审美喜好、情感倾向等主观因素的共同作用和影响。因此，对标志风格的创意应当全方位、多角度综合考虑，在后期的具体设计实施中要以预先设定好的风格为导向，有条不紊，将标志的内涵与外在完美结合，设计既满足实用需求，又具备艺术审美的优秀标志作品（图2-6）。

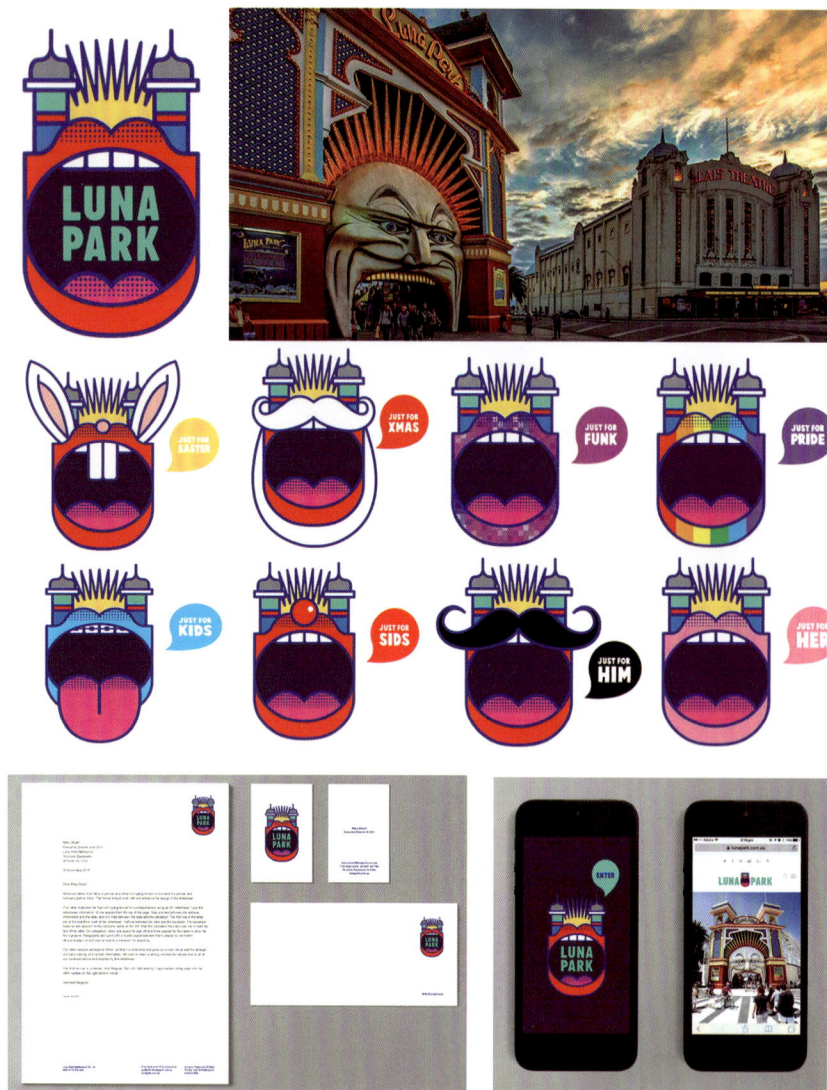

图2-6 墨尔本月神公园

墨尔本月神公园位于墨尔本的菲利普港湾,于1912年对外开放,自从开园以来就广受欢迎,已经成为墨尔本游客最多的游乐园,为一代又一代的人留下了最美好的童年回忆。公园大门的大笑脸已经成为公园的标志,笑迎来自世界各地的游客。游乐园开设了很多适合家庭成员共同参加的游乐设施,让一家老小都可在此体验刺激和探险的乐趣。2017年,墨尔本当地的设计机构SML为墨尔本月神公园打造了全新的品牌形象,相比原来的形象,新的标志形态风趣幽默,色彩丰富靓丽,还有适应季节性和特殊场合的多样变化形态,其时尚幽默的风格展现了这一古老公园的独特气质。

2.2.2 标志的造型

标志的造型是标志设计全部工作项目中的第一个设计实作的环节,是指关于标志的图形和文字所做的全部外观形态的设计工作。首先,标志的造型是标志的色彩与表现的基础,也是标志个性特征初步显现的环节,其重要性不言而喻。其次,标志的造型是在形式美基础上的图形构造和文字设计的环节,形式美作为标志造型的构成原则贯穿整个环节始终,体现出标志造型的一般规律。

（1）标志造型的形式美

结合标志的形式特点和造型需求,营造标志造型的形式美主要分为对比与调和、对称与均衡、节奏与韵律、变异与秩序四种手法,这对营造标志造型的美感非常重要。然而,对设计者来说,这四种手法绝非纯理性指导下一成不变的条款法则,而是在设计实践中创新的理论基础。

● 对比与协调

对比与协调是标志造型最基本的形式美营造手法,对比是制造视觉冲击力的基础,而协调是缓和矛盾的手段。标志的各部分因为形态不同形成对比而产生强烈的视觉刺激,因此应当注意协调标志的部分与部分之间、整体与部分之间的关系,使标志在具备视觉冲击力的基础上取得最大限度的视觉和谐效果。归结而言,对比与协调是相对的,没有对比就没有协调,二者不可分割,相互作用,共同塑造标志的形态艺术美（图2-7、图2-8）。

●对称与均衡

对称能够营造标志在力学与视觉上的双重均衡感,体现出标志形态之间的完美平衡,对称的表现形式较为多样,但不管是哪种对称形式,都能给标志带来一种和谐、庄重的静谧美。相比对称来说,均衡并不追求绝对的力学均衡,而是利用标志形态的变化和组合营造一种视觉和心理上的稳定与舒适。因此,对称与均衡的侧重点在于标志形态量与质之间的均等感,形态构造与组合的整体性和协作性(图2-9、图2-10)。

●节奏与韵律

利用形态的变化、重复与排列等手段可以使标志产生视觉上的节奏感和韵律感,这种或强或弱、或急或缓的节奏感和韵律感可以进一步延伸至心理,增强标志的感染力。需要强调的一点是,节奏和韵律的营造要求标志形态的变化、重复和排列必须要遵循一定的视觉规律,规律的不同可以产生不同的节奏和韵律,形成富有律动感的多样形态组合,丰富标志的视觉效果(图2-11、图2-12)。

●变异与秩序

在标志的造型中,秩序是标志形态组合的一般规律,体现出秩序井然的条理性,能够给标志形成一种理性的秩序美;变异是对秩序的突破,是一种在整体形态序列中的局部突变,这一突变通常会成为整个标志的焦点,具有画龙点睛的作用,给标志带来生动新颖的视觉感受。进一步来说,变异与秩序也是一种对比与协调,是对比与协调的极致形态,体现出视觉艺术无穷的想象力和创造力(图2-13、图2-14)。

图2-7　Embrace化妆品

图2-8　名粤港汇食府

图2-9　台北孔庙

图2-10　droneteam.it无人机网站

图2-11　SeaFusion水疗

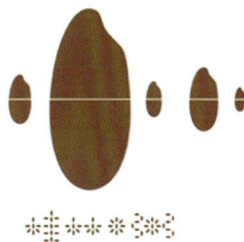

图2-12　桂林米粥

图2-13　格鲁吉亚物流公司

图2-14　云里山间

（2）图形的构造

图形的构造是整个标志造型至关重要的部分，结合标志图形在功能和形式上不同于普通图形的特殊性，标志图形的构造有简化再造、组合重构、正负转换、共用共生、适合周全、几何规则、偶然意境、卡通趣味八种常用的手法。

● 简化再造

作为一种视觉传播符号，简洁且具有高度概括性是标志最为重要的形态特征之一，因此，简化是标志图形构造的基本手段，其目的是让标志能够在短时间内快速被受众识别和了解，进而准确地传达主题信息。简化再造主要是针对具象标志图形，是指在保留主要形象特征的基础上对事物进行的概括和提炼，同时结合一定的风格形式进行的夸张、拟人等再创造的图形构造手法。需要注意的是，具象图形来源于生活，作为标志图形必须考虑其独特性的塑造，因此，在简化再造的过程中必须充分发挥想象力和创造力，创造独一无二的标志图形形象（图2-15、图2-16）。

● 组合重构

当单一图形或现实中的图形不能满足标志表现的需求时，就需要使用组合重构的手法进行图形的重新创造。组合重构是指通过提取不同事物的主体特征，并将这些特征进行组合创造，形成一个全新的图形形象的构造手法。简单来说，组合重构是对多个图形的综合创造与表现，受20世纪二三十年代流行于欧洲的超现实主义绘画艺术的影响非常大，组合重构不拘泥于现实的局限，注重营造个性、独特和新奇的图形形象，同时以幽默、怪诞、夸张等表现手法突出图形的趣味，进而引发受众的兴趣，增强标志的传达效果（图2-17、图2-18）。

● 正负转换

正负转换又称为图底反转，最早见于中国古代的太极构图之中。此后，20世纪初期的"鲁宾之杯"和荷兰版画家莫里茨·科内利斯·埃舍尔（Maurits Cornelis Escher，1898—1972）的很多艺术作品都很好地诠释了正负转换这种艺术手法。在标志图形的构造中，正负转换是指一正一负的两个图形通过共用线条巧妙地结合在一起，形成一种你中有我、交互相生的图形效果。需要注意的是，正负形的设计需要考虑共用线条兼容二者形态的相对完整性，同时有意识地突出正形，让受众通过识别正形感知负形的存在，通过正负形转换进一步强化对标志内涵的理解。归结而言，正负转换能够赋予标志图形极富智慧的视觉印象，是标志图形构造中经典的手法之一（图2-19、图2-20）。

● 共用共生

共用共生是指标志图形中的各单元图形共同使用一个图形元素，用以形成各自完整图形的造型手法。共用共生的造型手法，源自中国民间的吉祥图形和文字，分为图形共用、文字共用、图形与文字共用三种类型，体现了中国人对形态多面性的理解与对图形、文字再创造的智慧，是中国传统文化给予现代设计的宝贵资源。在标志图形的构造中，形态共用能够使各部分之间相互借力、共同作用，强化标志的完整性和统一性，使标志的内涵更加突出。此外，共用形具有共用共生、不可分割的特性，在设计时要注意组合共用的合理性，避免生搬硬套（图2-21、图2-22）。

图2-15　Seasong品牌美容美发

图2-16　BriefCase公文包

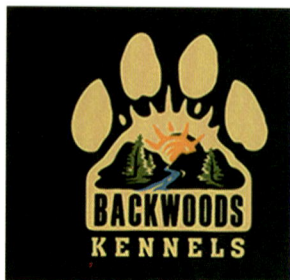

图2-17　Backwoods养狗场

图2-18　LaundryEmergency快速洗衣服务公司

图2-19　翠湖湿地公园

图2-20　双雷新疆风味餐厅（沈欢欢、王立峰）

图2-21 家庭牙科

图2-22 莫斯科航空学院手球队

图2-23 Scholl Canyon高尔夫网球俱乐部

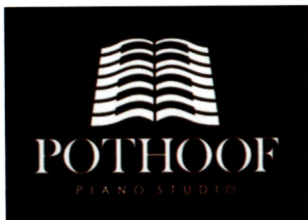

图2-24 Pothoof钢琴工作室

图2-25 Hotel TV酒店外墙电视广告制作公司

图2-26 Proxima Convex传媒公司

●适合周全

早在中国的秦汉时期，以"圆寿字"为代表的瓦当图形就完美演绎了适合周全的造型手法。简单来说，适合周全是指内在图形与外在轮廓之间在形态上的适合关系，就拿"圆寿字"来说，方形的文字随瓦当的外形变化为圆形，形成一种巧妙周全的视觉效果。在当代，适合已成为标志图形塑造最常用的手法之一，通过适合变化，能够将两个甚至多个形态差距甚远的图形高明地组合在一起，形成一种完整和谐的视觉效果。需要注意的是，适合手法的使用必须要在兼顾不同图形对象间形态特征的基础上合理使用，突出识别性和完整性的协调统一（图2-23、图2-24）。

●几何规则

几何图形是从实物中抽象出的各种图形统称，各部分在同一平面内的叫平面几何图形，反之称为立体几何图形，无穷尽丰富多样的形态变化是几何图形的重要特点。几何图形在设计中的应用可以追溯到中国仰韶文化时期彩陶器皿上的几何纹样装饰，后经过漫长的发展历程，逐渐形成了以双线、盘长、方胜、万字和如意为代表的中国传统几何纹样。在现代，受国际主义平面设计风格与构成主义设计风格的影响，几何图形被大量地运用到标志设计中，并逐渐发展成为标志设计重要的形式语汇。显然，几何图形的设计会涉及众多的几何制图原理，体现出艺术与科学的完美协作，能够赋予标志规则、严谨、工整、理性的抽象艺术美（图2-25、图2-26）。

●偶然意境

在精致唯美的电脑标志大行其道的时代，利用偶然意境的手法创造的标志犹如一股涓涓清流，成为当下标志设计的新时尚。肌理的随性天然、水墨的干湿浓淡、颜料的混合幻变、笔触的苍黄翻复，展现出自然状态下的鬼斧神工、浑然天成。偶然的图形，强调的不是形态的精细与准确，而是突出形态在不经意间独一无二的意味和境界。此外，偶然意境延续了中国画讲求的"以形写神"的手法，追求一种"妙在似与不似之间"的视觉感受和意境氛围，以表现标志的内涵和气质为重点，突出以形传神、气韵生动的造型特点（图2-27、图2-28）。

●卡通趣味

利用卡通的表现形式来设计标志早已不是一件新鲜的事，从1898年米其林轮胎人卡通标志诞生以来，卡通的表现方式愈发成为标志设计的常见手法。在现代社会中，从孩童到成人，都对各类卡通形象有着无比的热爱与追捧，卡通标志因为具有或可爱呆萌、或个性耍酷、或诙谐幽默的气质特征，成为现代商业社会的新宠。此外，随着计算机图形技术的不断发展，卡通标志拥有了更为多样的表现手法和风格类型，能够根据设计对象的需求创造独一无二的形象与个性，这种形象与个性所产生的亲和力能够强化设计对象与受众之间的亲密联系，增强标志信息传达的效力（图2-29、图2-30）。

（3）文字的设计

对于文字标志，文字的设计是标志的核心；对于图文组合标志，文字也是不可或缺的重要设计组成，关系着整个标志的成败与否。文字的设计包括文字的整体创意、文字的造型与编排。

●文字的整体创意

对于文字标志和以文字为主的图文组合标志来说，文字的整体创意是设计的核心。文字的整体创意是指对标志文字所做的在风格、结构、形态与编排

图2-27 壶润茶香　　　　　图2-28 畔亩方塘　　　　　图2-29 Noodle Panda餐厅　　　　　图2-30 Picnic Hippo游戏演播室

组织方面的全部设想，这将为接下来的设计环节奠定准确的工作方向。归结而言，文字的整体创意需要注意以下几个要点：首先，要以信息传达的功能为先，突出文字设计的辨识性与可读性，给受众建立清晰明确的视觉印象。其次，通过有创造性的设计手法赋予文字鲜明的个性特征，需要说明的是，在以图形为主的图文组合标志中，文字的个性要与图形的特征相匹配，服从作品的整体风格诉求，以保证标志的完整与各部分之间的和谐共存。第三，强调文字的视觉艺术美。形态美观的文字能够得到受众更多的关注，留下美好的印象进而增加受众的心理好感度，提升标志信息的传达效率（图2-31）。

●文字的造型与编排

文字的造型与编排是指在整体创意基础上对文字进行的具体设计工作，包括文字的形态塑造和组织编排。首先，形态塑造是标志文字设计的第一步，目的是塑造文字的外观形态和风格特征，建立以文字为媒介的标志信息传达载体，突出文字的普识性与独特性。需要明确的是，标志文字需结合标志的主题与不同文字类型的特点选择使用合适的字体造型手法进行形态塑造，才能设计出功能与审美兼具的标志作品。其次，组织编排是在形态塑造基础上的标志文字设计的第二步，主要解决的是标志的文字与文字之间，文字与图形之间的组合编排。在这个环节，首先必须明确的是标志的信息层次关系，在文字标志中，应当首先确立主体文字的支配地位，以主体文字为视

图2-31 台湾相照有机茶

对许多台湾人或者在台湾生活过的人而言，晚餐过后家人围坐一起喝喝茶，或是闲暇时到亲朋好友家品茶聊天，都是稀松平常的事情。台湾人追求的茶文化其实是"茶事"，是一种与生活结合的艺术。相比大陆绚丽的茶艺和日本严谨的茶道，台湾地区的茶文化就像日常生活那样简单轻松。

相照有机茶的标志以中国书法字体为主，并辅以简洁纯粹的茶叶与山水图形，不仅充分展现了有机茶的自然健康，同时也传达出台湾轻松自在的茶文化理念。

图2-32 澜·Lan 高端服装定制品牌

图2-33 绍京书院

图2-34 Appetito比萨餐厅

图2-35 美发沙龙

觉中心进行组合编排设计；在图文组合标志中，以图形为主和以文字为主的标志编排组合的侧重点是不一样的，突出图形必然弱化字体，反之亦然，二者一张一弛，互为补足，共同营造和谐、美观与统一的视觉效果（图2-32至图2-35）。

2.2.3 标志的色彩

色彩，作为标志不可或缺的重要组成部分，具有比图形和文字更加优先感知的特性，这是基于相关科学研究的重要结论。同时，色彩的视觉功能与人的心理反应、情感联想之间又有着密切而深刻的联系，色彩的抽象象征性更是标志功能存在的客观基础之一，虽因地域、民族、文化的区别而有认识差异，但却早已为大多数人所认同并接受。因此，标志色彩设计的重要性等同于标志的形态构造，都是标志设计的关键性设计环节。

（1）标志的色彩功能

结合标志的特性以及色彩对于标志的重要性，标志的色彩功能主要归结为传递信息、深化层次和提升美感三个方面。

● 传递信息

传递信息是标志色彩的首要功能之一。首先，标志的识别性除了形态识别也包括色彩识别，色彩所具有的识别性是标志信息传递的重要途径之一；其次，结合形态的不同色彩搭配能够将标志所要传达的信息与色彩紧密联系起来，进一步明确标志的个性，突出标志的内涵，进而起到信息传达的作用。

● 深化层次

深化层次是标志色彩的另一重要功能，这是基于各种色彩在色相、明度和纯度三个方面的千差万别。因此，巧妙利用不同色彩之间对比与调和的表现力量，深化标志各组成部分之间的层次关系，营造既具有视觉冲击力，又拥有和谐舒适的视觉感受的标志色彩效果。

● 提升美感

标志的视觉审美包括形态美、色彩美和表现美三个方面，美好的色彩不仅能够提升标志的视觉美感，还能凸显标志的气质内涵。色彩提升美感的功能主要是基于标志色调的营造。色调的营造必须理性地分析标志的形态特征与表现需求，围绕标志的主体理念、受众的审美喜好展开，以新颖别致的色彩提升美感、烘托氛围、凸显个性（图2-36）。

（2）标志的色彩设计

根据标志的色彩功能，标志的色彩设计主要分为单色不简单、恰到好处的双色、动感的多色、渐变色的节奏与幻变四种手法。

● 单色不简单

单色是标志色彩设计最为简洁的一种手法，能够给标志营造一种单纯、简练的视觉效果，但因为自始至终只有一种颜色出现，单色的设计就变得不那么简单了。首先，熟悉单色基本个性，同时关注色彩的流行趋势并结合实际赋予单色新的情绪与个性，是标志单色设计创新的重要途径；其次，对标志所属对象的行业或领域特征的色彩指向与归属的定位是关键，对受众色彩喜好的分析是重要补充；再次，在同一色相范围内进行明度、纯度的多次调和变化，同类色与近似色的反复尝试，是达到尽可能完美的单色视觉效果的重要手段（图2-37、图2-38）。

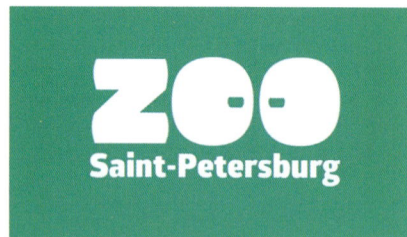

图2-36　俄罗斯圣彼得堡动物园

俄罗斯圣彼得堡动物园是该市拟新建立的动物园，其主要特色是"直接与动物沟通"，这是俄罗斯第一家抛弃围栏圈养的动物园，你在该动物园将看不到传统动物园的那种到处围栏圈养模式。动物园在设计上通过人工水道、地势高低及地形特点来区分人与动物。因此，其标志形象通过干净明亮的色彩展示了"在圣彼得堡动物园，与动物进行没有围栏式的沟通"的核心理念。

圣彼得堡动物园的动物来自世界各大洲，通过不同的颜色来区分不同的洲的动物，这些颜色都采用一种明亮、动感的颜色，在品牌的视觉沟通中扮演主要角色。此外，这些角色通过动态表现从而达到与参观者沟通的目的。

图2-37　Bayer咨询公司

图2-38　SAS航空服务系统

● 恰到好处的双色

双色是指标志的色彩由两种颜色构成，双色搭配既能让标志有明显的视觉层次关系，又不会因为色彩太多而显得复杂纷乱，因此双色搭配是标志色彩设计广泛使用的手法。双色搭配简单来说就是利用两种颜色之间的对比进行的色彩搭配，双色对比主要分为互补色的极致对比、对比色的强对比、近似色与同类色的弱对比三大基本类型，不同的对比能够产生不同的色彩效果，突出强化标志的印象与氛围。同时，在建立色彩对比的基础上，还应当考虑色彩与标志形态在面积、形状、距离等方面的对比关系，从标志整体着手统筹规划，并合理使用一些色彩的调和手法，让双色标志形成一种恰到好处的视觉效果（图2-39、图2-40）。

图2-39　Fundacion Solecito
墨西哥消费者权益保护机构

图2-40　Rayn Oil杀虫剂

图2-41　Fresh Fruits鲜果店

图2-42　旅游景区

图2-43　哈勃望远镜

图2-44　西班牙Chiminike儿童博物馆

● 动感的多色

在标志设计中，使用三种或三种以上的色彩组合为多色。多色搭配可以给标志带来缤纷、热闹、欢快、华丽等视觉感受，能够增强标志的动感与节奏感。首先，如同双色搭配一样，标志的多色搭配也是利用色彩之间的对比关系，只不过这种对比关系更为复杂，需要依赖色彩与标志的形态在面积、数量、位置等方面的对比与调和，找到适合标志形态的色彩编排规律，指导多色的运用表现，形成拥有较强表现力的多色组合或序列。其次，多色搭配更容易形成明确的色调，塑造各自不同的标志色彩外观，这些色调或热烈奔放，或轻柔浪漫，或典雅优美，或内敛含蓄，或睿智理性……能够进一步突出标志的风格气质，彰显标志的精神理念（图2-41、图2-42）。

● 渐变色的节奏与幻变

标志的渐变色表现从类型上可以分为色相渐变、明度渐变、纯度渐变和透明渐变四种，从色彩使用的数量上可以分为双色渐变和多色渐变两种。渐变色的魅力源自色彩之间丰富而细腻的逐渐变化，通过对渐变形态、色彩强弱的变化与调节，容易形成一种明显的节奏感，强化标志的形态特征。同时，在标志设计中，渐变色不仅适合标志的全局使用，还能局部或部分使用，形成更加变幻多元的色彩视觉效果。此外，有色渐变与透明渐变的叠加使用是营造标志立体效果的重要手法之一（图2-43、图2-44）。

2.2.4 标志的表现

标志的表现是在标志造型的基础上，结合标志的色彩设计所进行的关于标志最终视觉效果的设计环节。随着时代的发展和计算机图形技术的进步，当代标志有了更多元的表现空间，根据标志的特点与时代发展趋势，标志的表现主要分为纯真的平面、立体与空间的现代时尚、肌理的多元变化、充满活力的动感诠释四个主要的方面。

（1）纯真的平面

平面表现是指根据标志的形态特征，利用各类平面制作手法所表现出的标志的视觉平面效果，是标志最常用的一种效果表现技法。标志的平面表现通常直接且相对简单，能够营造出单纯而率真的视觉感受和心理印象。首先，平面表现的延展性非常强，结合不同的设计需求，平面表现可以很好地兼容从复杂到极简、从具象到抽象的各类标志图形和文字的表现；其次，平面的标志能够充分利用各种印刷工艺与表现技法的力量，创造更加多元的视觉效果，提升标志的审美性与表现力（图2-45）。

图2-45 俄罗斯国家旅游品牌形象

至上主义是20世纪初俄罗斯抽象绘画的主要流派，它由马列维奇（Kazimir Malevich）于1913年左右在俄罗斯创立。其理论和创作对同时期的构成主义及欧洲的抽象绘画产生了重要的影响。所以，在俄罗斯的旅游品牌形象中，为了能够更好地展现这一视觉美学领域的名片，设计师将至上主义的表现形式运用到品牌标志的设计中，形成了抽象的俄罗斯地图，很好地诠释了俄罗斯旅游的品牌形象。

（2）立体与空间的现代时尚

立体与空间，是随着图形图像技术与印刷技术的不断发展而产生的一种标志的表现技法，是利用视错觉原理在平面上制造出视觉上的立体与空间效果，这种立体与空间效果能够增强标志在视觉上的体积感与重量感，丰富标志的存在与表现形式。相比平面标志，立体标志更加具有现代时尚感。除了模拟真实的立体与空间形式，利用视觉对光影感知的特性，这种手法还能营造出诸如矛盾空间之类的非现实的立体与空间形式，产生一种新颖的视幻效果，赋予标志超越现实的前卫感（图2-46）。

（3）肌理的多元变化

随着大众审美品位的不断提高以及对标志新形式的接受和渴望，利用摄影技术与图形图像技术将各种肌理效果融入标志效果表现中成为标志设计新的趋势之一。技术的支持使得肌理能够兼容平面和立体标志的表现，赋予标志更加多元的视觉效果和感染力。综合而言，在这时代，标志的表现不再拘泥于任何形式，而是倾向于在满足标志功能与审美基础上的大胆再造，而肌理的多变性、偶然性与独特性正在成为标志创意与表现的新灵感，将给标志带来在创意理念和表现技法方面的新启示（图2-47）。

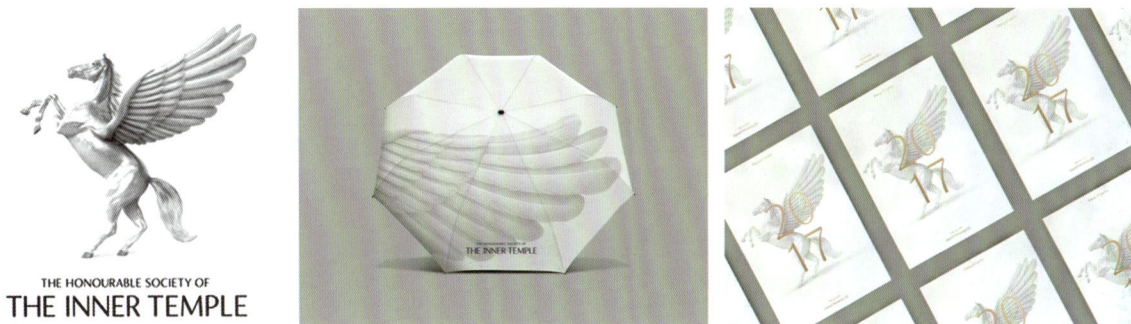

图2-46　英国内殿律师学院

英国内殿律师学院的历史可上溯至公元14世纪，学院取名自当地历史上曾经存在的圣殿骑士团总部。学院坐落于伦敦市内的圣殿区，是英国伦敦四所律师学院之一（林肯、内殿、中殿和格雷律师学院），负责向英格兰及威尔士的大律师授予执业认可资格。2017年，这家学院推出了全新的品牌形象设计。新的形象将原来学院标志的"飞马"形象以全新的视觉方式呈现。设计团队通过拍摄生活中马的各种动作，并分析它们的每一个细节，如骨骼、肌肉、皮肤和毛发，创造出一个超精度的3D模型作为标志图形，结合新的字体一起使用，广受好评。

图2-47　亚斯岛旅游形象

亚斯岛是位于阿布扎比黄金海岸独特的旅游胜地，拥有阿布扎比法拉利主题公园"法拉利世界"、亚斯水世界、亚斯购物中心以及以举办F1阿提哈德航空阿布扎比大奖赛闻名全球的亚斯码头赛道和亚斯林克斯高尔夫球场，全年都有众多世界级赛事和演唱会在这里上演。2016年9月，亚斯岛发布了新的旅游形象标志，新标志以动感十足的笔刷肌理与充满活力的色彩搭配展示了亚斯岛的生气勃勃，也寓意亚斯岛由此掀开发展的新篇章。

（4）充满活力的动感诠释

互联网时代的需求和动态制作技术的日益进步使得标志也进入了动态传播的时代，动态标志的出现，犹如寂静星空中的一颗流星，打破了这长久以来的安静局面。标志的动态传播是指利用动态技术来表现标志，这是关于标志在形态、色彩与效果方面的动作变化或过程变化，是深入诠释标志的创意理念与核心思想的又一全新途径。相比静态标志的常规普通的传播方式，动态传播利用充满活力的动感诠释增强标志的表现力，进一步吸引受众的关注，强化标志信息的深度精准传播（图2-48）。

图2-48　Xbox标志（动画截频）

设计公司Man vs Machine在2016年公布了一项他们之前为微软Xbox One构思的标志动画，但该设计后来并未被微软采用，因此这也是外界首次看到Xbox One的原始设计动画。设计团队表示，Xbox正在从纯粹的游戏品牌向一个通用的家庭娱乐中心进化，而"不断变形演化的X"也为这标志动画设计提供了灵感，即一层层不断演化，从不重复第二次。

3　标志设计的未来展望

　　日新月异的科技，造就了这个瞬息万变的世界，新的受众群体在信息技术与数字媒介的环境下成长，早已厌倦了一成不变的固态视觉形象，寻新猎奇、追求美好，渴望深层次的多向交流与对话，是这个时期受众群体的需求共性。在过去近一百年的发展历程中，标志已形成了普识性与独特性相结合、功能性与审美性于一体的本质特征，但如果仅仅把标志当作模式化的外观形象，不从解决问题、适应需求的角度去思考标志存在的价值，不跟随时代发展进行从观念到实践的全面变革，标志终究会陷入同质化与视觉僵化的尴尬境地，为时代所淘汰。

　　今天的标志，应用的领域已拓展到了任何有需求的地方，设计风格也不再被打上时代的标签与文化的烙印，任何一种有需求的风格都能在这个时代获得存在的一席之地。在多元混合媒介传播的环境下，工业时代理性冷感、高高在上的单向传播早已被充满人情味的多元情感交流所替代，高度的人性化能够与受众互动并产生共鸣的标志形象是适应社会需求的主流与未来趋势。

3.1　跨越时空的经典

　　拥有一个经典的标志，是品牌时代所有企业的渴求。标志不仅是优秀的识别形象，还是企业价值观和实力地位的象征。1886年，可口可乐在美国佐治亚州亚特兰大市诞生，现在已成为每天拥有约17亿人次的消费者，大约每秒钟售出19400瓶饮料的伟大品牌。从1887年注册发布第一款商标，到2017年，可口可乐的标志经历了130年的历程，其飘逸优美的字母造型在今天依然焕发出勃勃生机，显现出紧随时代的潮流感，成为标志世界中为数不多的经典。坚守与转变、传承与创新，是对历时130年依然历久弥新的可口可乐标志的总结。一方面，可口可乐标志在岁月更替中坚持自身独特的字体标志形象和醒目的红白色彩搭配，这一切都成为受众心中关于可口可乐永恒的记忆点。另一方面，这个标志形象又随着表现方式与传播媒体的发展不断整合和优化，使其不仅能够兼容在各种平台和媒体使用，还能扩散性强化其品牌形象的持续传播，这不仅是基于品牌高瞻远瞩的设计视野，也是可口可乐在时代进程中与社会发展深度交融的结果。此外，以可口可乐为代表的经典标志在追随时代变迁过程中的每一次进化与转变，都被打上了时代的烙印，印证了在不同时代审美标准差异化下标志的不同风貌。

　　成就一个经典的标志，拥有跨越时空的前瞻性设计视野是赋予标志与时俱进的基础。综合而言，独特与审美兼具的外观与鲜明的内涵理念，适应时代与传承品牌文化的包容性，兼容适用于国际化与地域性的能力，拥有表现与传播的形态延展性，突出受众需求的人性化设计等，都是一个成功的标志必须具备的特点和属性。同时，时光的洗礼、社会的历练，也是一个经典的标志得以保持永不褪色的必备条件（图3-1）。

乐家（Roca）LOGO

乐家（Roca）100周年纪念LOGO

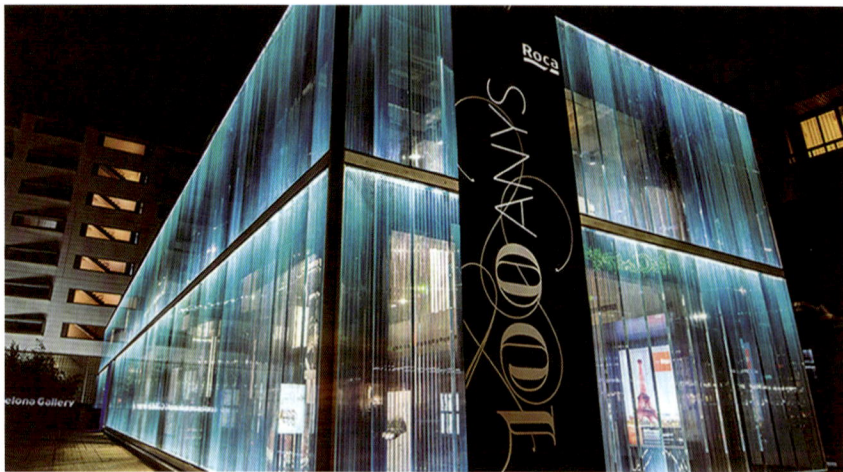

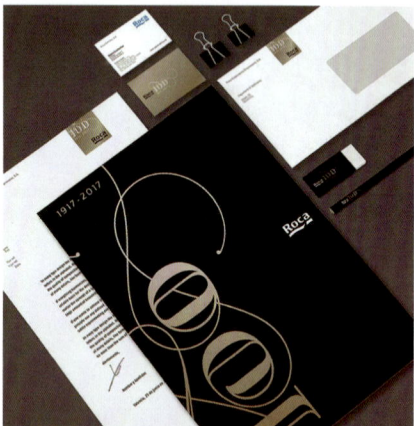

图3-1 欧洲经典卫浴品牌"乐家"100周年纪念——传承经典的魅力

乐家（Roca）由西班牙四位兄弟共同创办于1917年，一开始以制造电暖器起家，1925年推出铸铁浴缸后，正式进入卫浴设计的领域。乐家近百年来以人性化设计、环保理念和创新精神，不考虑跨界，只专注于卫浴设计，为全球一百多个国家提供陶瓷卫浴、龙头、浴缸等全系列卫浴产品。今天的乐家遍布全球170个国家，拥有78条生产线和22600多名员工，服务逾百万消费者。2017年正逢乐家成立一百周年，为了庆祝成立一百周年，乐家邀请西班牙设计机构GimenoGràfic为其设计了百年纪念标志以及完整的视觉系统。一百周年主题标志由数字100、Roca标志和装饰线条三部分共同组成。GimenoGràfic设计师介绍，"我们在这个纪念版的标志中延续了乐家的企业标准色黑色，同时也加入了具有纪念元素的金色搭配，哥特式的数字100再加以流畅线条的装饰让整个视觉效果优雅而庄重。"

3.2 文化内涵的开放与包容

在全球经济文化一体化的时代，标志设计的国际化程度越来越深，这是标志设计随时代进步与发展的必然趋势。标志设计的国际化首先体现在西方国家的大型企业对英文字体标志的习惯使用，这一点特别是在非英语语言的国家更为普遍，这是基于标志在企业全球发展战略中的传播需求。此后，随着全球经济一体化的不断加深与东西方文化的深度融合，关于标志设计的国际化趋势也有了全新的阐释和要求。简单来说，标志设计的国际化趋势不再局限于英文字体标志，而是在标志具备普识性与通用性的基础上拥有了更加开放的文化内涵，标志的设计开始体现出更多对不同国家、地区与民族文化的包容与尊重，这是标志设计在国际化进程中地域化与本土化深度融合的结果，使得标志在对个性表现的强化中更加注重对全人类审美共性的认识，从而真正成为让全世界都能识别和理解的图形语言符号。

西方国家由于意识到文化交流对企业发展的重要性，以可口可乐和嘉士伯啤酒为代表的西方企业率先发布了多文字标志版本，这些使用不同文字设计的标志在风格形式上非常统一，在丰富标志视觉形象的同时也强化了标志横向延展的可行性。这不仅扩大了标志与品牌在全球的影响力，还增强了标志在不同社会环境下的传播力度与识别理解的兼容性。同时，不同的文字类型所具备的不同特点也赋予了标志更加丰富开放的文化特征，体现出企业对不同文化的包容与尊重。在中国，汉字是传承与展示中国本土文化的重要载体，因而成为当代乃至未来中国标志设计不可或缺的重要组成部分。如今，汉字与其他文字组合设计的标志类型成为中国标志设计的新时尚，这不仅是优秀传统文化的弘扬与本土特色文化的展现，更是中国本土文化与其他文化之间摒弃差异、深度交流的直接反映（图3-2）。

图3-2 哥伦比亚花卉出口商协会——面向世界的激情绽放

哥伦比亚是南美洲西北部的一个国家，为南美洲国家联盟的成员国。近年来，哥伦比亚的花卉产业发展迅速，引起了世界花卉业的瞩目，哥伦比亚已经成为仅次于荷兰的世界第二大花卉出口国。为了能够更好地展示这一优势，打开更大的花卉市场，该国花卉业的重要贸易组织哥伦比亚花卉出口商协会（Asocolflores）邀请设计机构SmartBrands为其创建了全新的品牌标志。资料显示，哥伦比亚是目前拥有花卉品种最多的花卉国家，约有1600种。因此，哥伦比亚花卉出口商协会的新标志表达了哥伦比亚花卉的多样性，新标志的图形部分由不同类型的花和叶子形成，它们共同构成一朵开放的花朵，表达了品牌全新的价值观念，即热情（玫红色的爱心）、奉献（紫色的手掌）、灵感（橙色的花朵）、微笑（绿色的叶子）。同时，标志分别设计了英文版、葡萄牙文版和日文版，这对品牌的国际推广将起到重要作用。

3.3 民族的魅力

　　众所周知，由于各民族在地区、历史、经济、政治等方面的不同，导致了不同的民族在风俗民情、文化艺术、语言文字等多方面的千差万别，形成了绚丽多彩、各具个性的民族文明体系，这些也是标志设计未来发展不可或缺的重要灵感源泉。在20世纪80年代，日本字体设计大师浅叶克己就开始对中国云南纳西族东巴文字进行研究，这种古老的象形文字多次在浅叶克己的标志与其他平面设计作品中得以运用，这不仅彰显了中国东巴文字及纳西族文明的无穷魅力，从另一个角度也反映了日本平面设计在20世纪获得成功的主要原因。在日本平面设计空灵禅意的宁静与悠远中，体现的是日本设计师对民族文化的深厚情感，他们以虔诚谨慎的态度从各种民族文化中寻找资源和发掘灵感，同时利用现代设计手段进行设计创新，一方面形成了清雅、平和的日本平面设计独有的民族风格形式，另一方面也向世界展示了大和文明的民族魅力。

　　在竞争日趋激烈的国际大环境中，标志只有拥有鲜明独特的个性特色才能立于不败之地。从民族文明中溯本求源，是形成标志独特的形式风格与精神气质的重要途径之一。同时，民族性能够赋予标志深厚的地域文化内涵，这种标志对于本土的受众来说，会产生强烈的情感归属与文化认同，非常易于接受和传播；然而对于非本土受众来说，独具魅力的民族风格不仅是异域文明与地域特色的代表与诠释，也是国家与地区对外交流形象展示的重要桥梁（图3-3）。

图3-3 "黔八方"贵州特色餐饮——用民族风格诠释贵州的味道

贵州菜又称黔菜，由贵阳菜、黔北菜和少数民族菜等数种风味组成。在明朝初期，贵州菜就已趋于成熟，许多菜式都有600年以上的历史。"黔八方"就是专注于地道黔菜的贵州餐厅，其品牌形象由贵州上行设计倾力打造。标志将"黔、八、方"三字合为一体，并将贵州著名景点甲秀楼与鼓楼的形态与文字巧妙结合，以增加品牌的地域辨识度。同时以贵州民族文化为基础，将贵州地域特色和美食巧妙结合，以别具一格的民族风格诠释贵州多姿多彩的饮食文化，也展现出"黔八方"餐饮"迎八方来客，品八方黔味"的品牌理念。

3.4　人本主义设计意识的强化

　　从功能实现，到审美追求，再到文化承载与人文关怀，是标志随时代发展的不断进步与升华。奥运会作为伟大的世界盛会之一，百年来不仅记录了每个时代的审美潮流与文化变迁，其历届会徽的设计还充分体现了人本主义设计意识的不断强化，从1896年第一届雅典奥运会的会徽开始，每一届奥运会会徽都用独特的视觉语言形式阐释了"相互理解、友谊长久、团结一致和公平竞

图3-4　2015年阿塞拜疆首届欧洲运动会——巴库的石榴花开
　　2012年，欧洲奥林匹克委员会正式宣布创办欧洲运动会，首届比赛将于2015年5月在阿塞拜疆首都巴库举行。根据代表大会的决定，欧洲运动会每四年举办一次，共设15个奥运项目和两个非奥运项目。首届欧洲运动会的会徽已经于2013年底对外公布，由伦敦的Some One设计机构设计。全新的运动会视觉设计包括标志、宣传海报、运动会门票、宣传册、导视牌、制服以及手机应用程序等，标志的灵感来源为石榴花开。欧洲奥林匹克委员会负责人介绍，全新的设计将完全从另外一个角度展示阿塞拜疆年轻活力的特点。

争"的奥运精神，成为超越国界、超越种族的世界人民共有的视觉符号。2012年的伦敦奥运会肩负着向全世界传播奥林匹克文化的使命与展现伦敦作为3届奥运会举办城市的历史新风貌的重任，面对多元化目标受众的需求，会徽的设计者以全新的设计视角重新理解奥运精神，以极具创造力的年轻而充满动感的会徽形象向全世界传达了"伦敦2012年奥运会将是所有人的奥运会、所有人的2012"的精神理念，期望用奥林匹克精神去激励世界上的每一个人，让所有人积极参与、分享快乐，共同点燃奥运的激情与梦想。

人本主义设计意识不仅是在奥运会与世博会会徽等世界盛会的标志设计中得以体现，还早已蔓延到了标志的各种类型之中，强调独特的外观与完美的细节，崇尚高雅而本真的境界，是人本主义设计意识在标志设计中不断强化的直接结果。同时，强化人本主义设计意识的标志以尊重受众的心理与情感需求为前提，以积极正能量的视觉符号与含义诠释了标志所有者对社会与公众的责任感。更为重要的是，人本主义设计意识要求设计师以前瞻性的设计视野赋予标志适应时代发展和社会变化的自我完善性，除了增强标志自身的生命力以外，也反映出标志设计应当为人类社会的可持续发展发挥积极的作用（图3-4）。

3.5 多维度延展的多元形象

毫无疑问，表情能够反映内心世界，虽然很多时候表情也在撒谎。当人们用不同的表情来面对不同境况，就反映出一个人的品位与价值观，标志亦如此。在混合媒体传播的时代，当品牌想要建立与受众之间更加紧密的情感联系时，灵活多变且适用于各种媒体平台传播的多元标志形象就显现出愈发新颖的视觉吸引力，成为今天乃至未来标志设计的新时尚。在商业竞争愈发激烈的时代，拥有创新与进取精神是品牌在激烈竞争中立于不败之地的重要保证，例如，Google在1998年以后的各种创意标志就充分展现了利用多媒体混合传播的特性来关联信息传播与品牌形象的灵活多变的标志形象，不仅表达了Google自由多元的品牌文化，也从一个独特的角度诠释了互联网精神。灵活多变的标志形象的设计是基于标志形象的多维度延展，多维度延展首先打破了标志的唯一性原则，用多元的系列变化展示了标志强大的表现延展性。标志的多维度延展是指标志不再局限于单一的不变形态，而是通过设计变化产生一系列的标志新形象，主要包括标志通过形态与色彩变化的二维延展，这种延展覆盖了从平面到立体、从抽象到真实、从黑白到彩色、从简单到复杂的各种充满创造力的延展方式和效果，不仅能够赋予标志新颖的视觉效果，还能突出标志的多元形象对于信息传达的广度与深度。

然而，灵活多变的标志形象也面临着巨大的挑战，这个巨大的挑战来自多元的标志形象是否能够始终保持品牌的辨识性。如果任由标志形象无限度延展和变化，就会形成杂乱无章的视觉效果，造成视觉污染，因此标志的多维度延展必须要在设计可控性的原则下进行。所谓设计可控性，是指以标志核心形态与品牌理念为设计重心，遵照一定的视觉构成原理，同时结合多种传播媒介的特性进行设计变化，形成变化与统一相结合的系列标志形态，建立具备可持续扩散和延展的有生命力的形象识别系统。在这个过程中，聆听受众的需求，强调与受众互动的重要性，甚至让受众参与到创作的过程之中，是设计可控性原则得以有效实施的重要基础（图3-5）。

从20世纪50年代起，标志设计未来展望的探索就一直在前进，从未停止。标志设计的未来发展趋势的归纳既是结合标志设计本质的用心思考，也是基于标志设计创新的可能性的严谨分析，虽不尽完善但也可见一斑。其不仅对于标志设计实践有着重要的指导意义和价值，还是探寻标志在未来日趋复杂的社会环境中如何更好地发挥作用的关键。

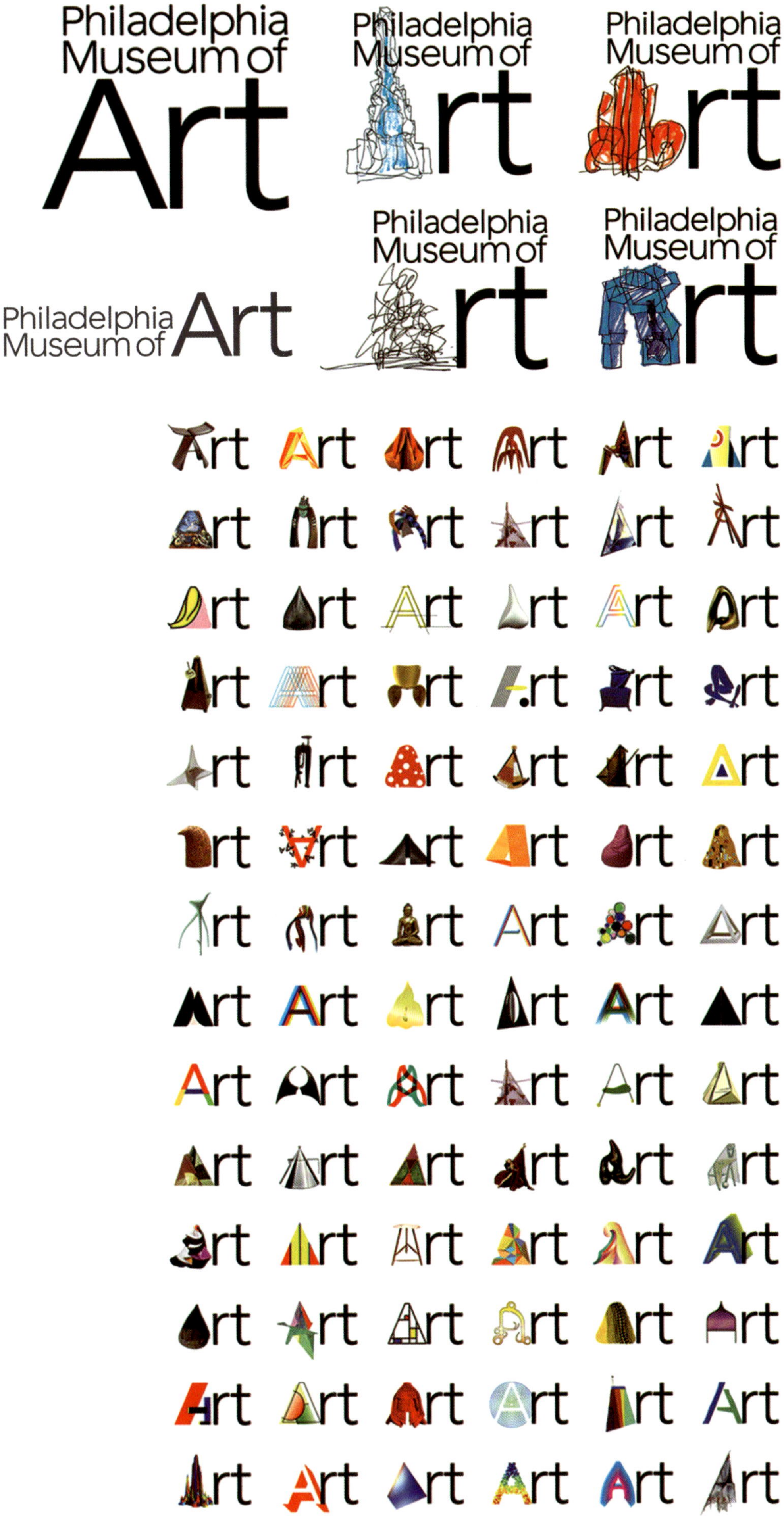
Philadelphia Museum of Art

图3-5 费城艺术博物馆——展现艺术的多元形态

随着费城艺术博物馆的不断发展，原有的标志已不再适合继续使用，设计师Paula Scher为费城艺术博物馆设计了一个前卫新潮的标志形象。由于费城人一般简称其为艺术博物馆，因此Paula Scher将"Art"一词放在了标志的视觉中心，展示了该博物馆藏品的多样与丰富性。同时，Paula Scher还为标志中的字母"A"设计了超过200种表达形象，以对应不同的收藏品和艺术风格，并将它们广泛地应用到博物馆视觉设计中，以求带给参观者"每次都不一样的体验"，这种多维度延展的多元形象让费城艺术博物馆的品牌形象充满了无穷的变化和趣味。

PART

CIS设计

—

CIS DESIGN

4 CIS概述

CIS，既抽象却又无处不在，它是一个个简洁精致的品牌LOGO，也是一句句朗朗上口的企业口号；它是一张张小巧精致的名片，也是一块块清晰明确的指示牌；它是服务员身上美观统一的行业制服，也是交通工具上硕大醒目的形象识别；它可能还是一次愉悦的购物体验，一次周全的售后服务……总而言之，这些都是CIS在生活中方方面面的实际体现，不仅反映了CIS与社会生活息息相关的紧密联系，也体现了CIS的多面性、全体性与有机整合性。简单来说，CIS不是一个个局部现象或事件的简单拼凑，它是一个多元化整合性信息传达的有机整体系统。

CIS自诞生以来就致力于为企业服务，通过形象塑造与信息传达设计，将企业的精神与文化传达给受众，使受众对企业产生一致的认同感与价值观。因此，CIS从最初可有可无的附加物逐渐成为企业发展不可或缺的经营战略体系，这也是企业发展战略与现代设计理论相融合的必然结果。更为重要的是，随着时代的发展，CIS的服务领域早已超越了企业的范畴，延展到了任何有需要的领域，CIS也随之进入发展的新阶段，其理论体系也将随时代发展的新需求而不断更新和完善。

4.1 CIS的含义

CIS，是英文Corporate Identity System的缩写，中文习惯译为"企业识别系统"或"企业形象识别系统"，这种译法体现了以企业的个性形象作为企业身份识别的含义。Corporate除了可直译为"公司的、企业的"的意思外，还可译为"法人的、团体的、共同的、国家的、社团的"等意思；Identity包含了"身份、个性、特征、识别、同一、一致"等意思；System表达了"系统、体系、方法、制度"等含义。由于CIS在诞生的初期以及在20个世纪80年代进入中国时都是主要以企业作为服务对象，因此CIS早期的含义是指基于企业内外对于企业形象特征的识别同一性的设计系统。企业通过导入CIS，将企业的经营理念、管理策略、行为准则等信息，运用统一化、标准化的视觉传达系统传达给企业的关系者与全社会，对内强化企业内部的同一与规范，对外传达企业自身的个性与特征，使企业在内外环境中形成共同的价值观并获得一致的认同感，为企业的生存与发展创造良好的经营环境和社会环境。

随着时代的发展，CIS的服务领域早已不局限于企业而是愈发广泛和多元，因此"企业识别系统"或"企业形象识别系统"的中文译名已经不足以涵盖和表达CIS真正的内涵，CIS可以成为除企业之外的国家、城市、机构、团体、赛事、活动、个人等任何有需要的对象的形象识别系统，服务于任何有需要的领域。同时，CIS并不是独立的某一具体项目的设计，而是包含一系列设计项目的规范化的系统工程，它将所有与形象设计相关的具体项目纳入统一设计确定的规范标准之中，形成能够反映服务对象的精神理念、行为准则的整合形象识别系统，为所服务的对象提供行之有效的整合形象设计与系统传播策略。（图4-1、图4-2）

图4-1 上海龙腾机械制造有限公司

上海龙腾机械制造有限公司成立于1999年，是一家致力于研发、生产和销售包装设备的高新技术企业。作为我国装盒设备细分行业的技术龙头企业，主要产品有五大系列，分别是装盒机系列、包装机系列、灌装机系列、栓剂系列及其他配套包装系列，核心产品的性能指标、技术指标均达到国际先进水平。

随着龙腾产品持续受到国际用户的青睐，企业也正式吹响打造国际一流包装设备品牌的号角。经过多次的交流与沟通，龙腾最终选择了上海硕谷品牌设计担当企业品牌提升的重任。经过深入细致的市场调研与科学严谨的核心诉求分析，硕谷将龙腾的品牌定位为"智能后道包装设备领导品牌"。同时，为了能让龙腾品牌定位更加深入用户的心智，硕谷重新制订了龙腾品牌的广告语："智能的，效率高"，并以此为核心为企业塑造了全新的形象识别系统。

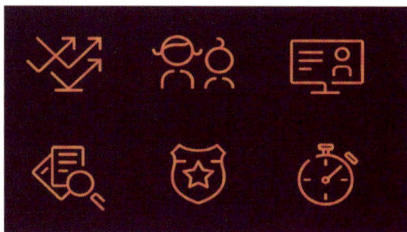

图4-2　Thorn慈善机构

Thorn是一家位于纽约的慈善机构，最初由好莱坞演员阿什顿·库彻（Ashton Kutcher）和黛米·摩尔（Demi Moore）于2009年创立，2012年改名为现名。该机构的主要任务是保护儿童，并与谷歌、脸书（Facebook）、微软等互联网公司合作，共同阻止儿童色情或虐待儿童的图片在网络间非法传播。2017年，知名设计机构Wolff Olins为该机构重塑品牌形象。全新的品牌灵感来自刺玫瑰，象征团结、力量和防御，寓意保护儿童不受或少受外界侵害，同时希望能够引起更多人的重视，共同保护儿童的安全。在为期六个多月的项目设计中，除了全新的品牌形象，Wolff Olins还设计了一系列带"刺"的线条图标，这些图标被用在机构的官方网站、社交媒体以及宣传材料中。据悉，所有设计项目均以捐助的形式进行。

4.2 CIS的历史沿革

CIS理论体系的形成并不是一蹴而就的，而是有一个积淀、传承与创新的过程，追根溯源有利于认识CIS的本质与内涵，回顾其发展历程对于探寻CIS在未来的发展趋势有着非常重要的作用。早在几千年前，人们就已经有了团体统一与规范的意识，这主要反映在以某种精神理念为主导的宗教与军队统一的行为礼仪与规范的着装发式等方面，所形成的团体凝聚力是宗教思想得以广泛传播、军队行军作战获得胜利的重要保障基础。在中国北宋年间，山东济南刘家功夫针铺因为拥有商标、广告语、包装等CIS的部分元素，可以看成是目前最早的CIS。但是，这些早期的活动基本都是分散没有体系的，也非常不完整且缺乏科学的设计原则与执行规律，只能反映CIS在形成之前的部分存在形态，而真正意义上的CIS则是起源于20世纪初的欧洲。

4.2.1 欧洲源起

通常认为，由德国著名建筑师彼得·贝伦斯（Peter Behrens）在1907年为德国电器工业公司（AEG）设计的标志与视觉识别系统是西方最早的较为完整的CIS。AEG公司是德国最早生产电器产品的企业，彼得·贝伦斯将设计好的AEG商标统一地应用在了产品包装、信笺信封、广告与橱窗等载体上面，以鲜明的视觉形象和同一化整体识别全方位地诠释了德国电器工业公司的个性特征，开启了现代企业形象系统化设计的开端。大约在同一时期，欧洲还有一家企业同德国电器工业公司一样拥有强烈的企业形象设计的意识，即意大利的奥利维蒂公司（The Olivetti Corporation），是欧洲最早生产打字机及其他办公设备的企业，成立于1908年。1938年，安德里亚诺·奥利维蒂（Adriano Olivetti）从父亲卡米洛·奥利维蒂（Camillo Olivetti）手中接手奥利维蒂公司并担任总裁，他聘用了年轻的平面设计师吉奥瓦尼·平托里负责公司的形象设计。到了1947年，为了拯救在战火中颓靡的企业，平托里期望使用新的形象来提升企业在国际市场中的竞争力，他使用企业名称设计了简洁现代的新标志，同时将其统一地应用在与企业相关的各个领域的所有方面，如文具纸张、宣传海报、机械设备、产品包装、运输工具、建筑环境等，特别是面向全球市场的宣传海报。平托里延续了标志简洁现代的风格特征，将高科技的企业特色诠释得简单、规范和统一，形成了奥利维蒂公司在多领域的全方位形象识别，成为继德国电器工业公司之后欧洲又一杰出的企业形象识别系统。这不仅推动了整个欧洲CIS设计的进步，也促进了CIS在美国的发展，具有非同寻常的意义和价值。

除此之外，CIS在欧洲的应用也开始涉及除企业以外的其他领域。20世纪30年代，为了让市民尽快熟悉地铁这种新兴的交通工具，政府决定任命由英国著名设计师弗兰克·毕克（Frank Pick）负责伦敦地下铁路工程的整体设计，这项设计由英国多位设计师和艺术家共同完成，爱德华·约翰斯顿（Edward Johnston）设计的标志与字体被设计师和艺术家们以各具创意的方式广泛应用到各类载体之中，通过鲜明统一的个性形象与规范有序的执行传播使伦敦地铁的形象为全世界所熟悉，伦敦地铁的CIS设计也成为这一时期公共交通形象设计的经典之作。时至今日，伦敦城市交通系统（Transport For London）的全部标志都已沿用伦敦地铁的设计与应用模式，这套经典的"伦敦圆标"早已成为伦敦及整个英国的象征。归结而言，在欧洲，CIS在两次世界大战以前已经形成成长的早期形态，但却没有形成理论体系，战后欧美经济的快速发展和商业活动的国际化推动了CIS的发展，来自国际市场竞争的压力迫使企业不得不重视企业形象设计，CIS的理论体系最终在美国形成并进入发展的快速时期（图4-3至图4-7）。

Franz Schwechten (1896)

Otto Eckermann (1900)

Peter Behrens (1900)

Peter Behrens (1908)

Peter Behrens (1908)

Peter Behrens (1912)

1985

1996

1996 (submarca)

2004

2010

2016

图4-3　AEG标志的演变历程

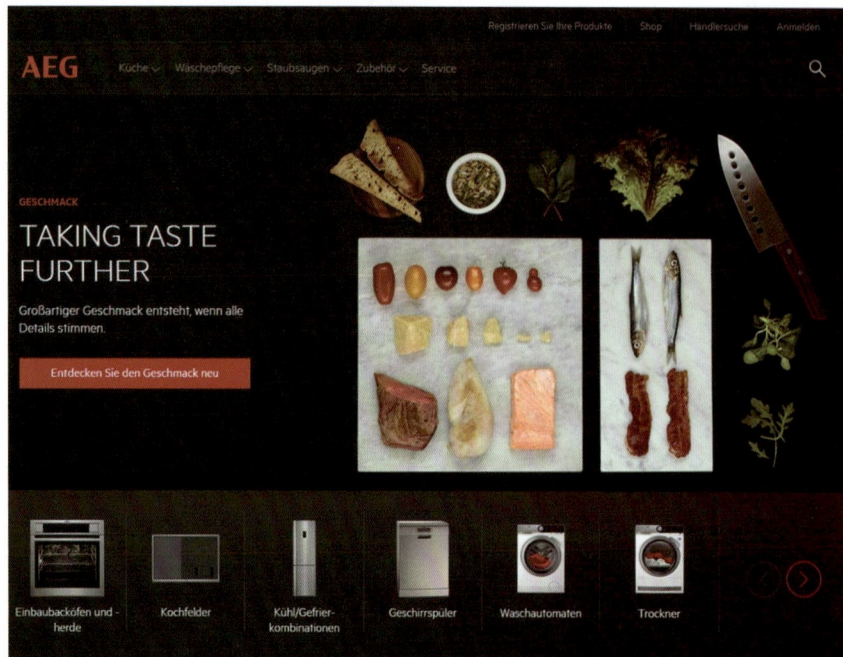

图4-4　AEG

AEG，全称是Allgemeine Elektricitäts-Gesellschaft，德国电器工业公司。AEG成立于1883年的柏林，当时名为Deutsche Edison-Gesellschaft，其产品范围从电力能源到家用电器无所不包，曾经制造过地铁、蒸汽和电力火车头，其子公司NAG曾经制造汽车。第一次世界大战期间是德意志帝国继克虏伯之后第二大军火供应商，为德国军队制造飞机。1918年后开始设计制造船只，20世纪30年代曾研制留声机，第二次世界大战后公司总部迁到法兰克福。1967年与其子公司合并为AEG-Telefunken。1985年被Daimler-Benz收购，1996年并入Daimler-Benz AG。1994年，伊莱克斯集团为庆祝其成立75周年，收购了AEG的家用电器制造子公司——AEG Hausgerate。2005年，伊莱克斯获得了AEG品牌的拥有权。除了用于部分产品，AEG品牌也被伊莱克斯授权给全球品牌授权计划下的各品牌合作伙伴。

标志与CIS设计　LOGO AND CIS DESIGN

olivetti

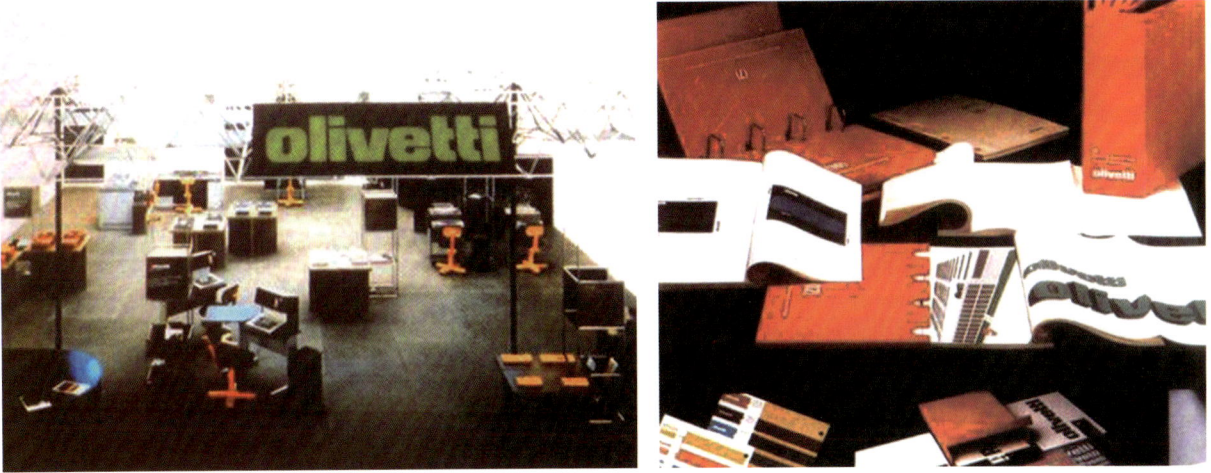

图4-5　意大利奥利维蒂公司

图4-6　英国伦敦地铁

（a）英国伦敦城市交通系统

图4-7　伦敦城市交通系统标志

　　从左至右、从上至下依次为：BUSES（公交车）、COACH STATION（长途汽车站）、DIAL-A-RIDE（拨号叫车服务）、DLR（轻轨）、RAIL（城市铁路）、RIVER（水上渡船服务）、STREETS（街道交通）、TAXI-PRIVATE HIRE（出租车租车服务）、TRAMS（有轨电车）与UNDERGROUND（地铁）。

（b）RIVER（水上渡船服务）标志的户外宣传广告

4.2.2　美国发展

　　第二次世界大战结束以后，美国经济进入了飞速发展的时期，新的企业如雨后春笋般不断涌现，老企业则纷纷开启对外扩张之路，使得市场竞争日益加剧，产品同质化越发严重。在这个时期，CIS形成了较为完善的理论体系，奠定了现代企业形象设计的基础。20世纪30年代，美国著名设计师保罗·兰德（Paul Rand）率先提出了"为企业建立视觉识别体系"的理念。他认为，企业要在日趋激烈的市场竞争中获取优势快速占领市场，进而实施全球化战略，就必须建立以视觉形象为中心的识别体系，即Corporate Identity System，简称CIS。在1950年，美国专业设计刊物《图案》杂志也首次使用了"Corporate Identity"术语，简言之，CIS理论体系诞生在美国，并在美国大型企业的实践应用与设计师的研究努力中迅速发展、日臻完善。

　　美国哥伦比亚广播电视公司（CBS）的总裁弗兰克·斯坦顿（Frank Stanton）发现，以往使用于制造业的固态化企业形象设计无法准确表现电视广播行业的服务内容，他期望用与众不同的形象识别体系来体现公司的行业与个性特征。于是在1951年，威廉·戈登（William Golden）为美国哥伦比亚广播电视公司设计了著名的眼睛标志，在公司此后的发展中，眼睛作为公司标志的基本元素被保留下来。与此同时，戈登建立了两种标志的使用模式，一种是在平面印刷品中的单纯眼睛图形，另外一种是在电视屏幕上使用的以眼睛为中心，添加了隔一段时间就会更换的背景设计，诠释了哥伦比亚电视广播公司不断发展与进取、改变和创新的企业形象。戈登和他的设计团队开启了CIS适应多媒体传播的多维度延展的先河，对于CIS的发展具有非常积极的意义。IBM公司是美国较早导入CIS的企业，早在1950年设计师艾略特·诺耶斯（Eliot Noyes）就已经为IBM设计了系统化的企业形象，但是真正让IBM的企业形象成为经典的是20世纪50年代美国平面设计的关键人物保罗·兰德。兰德于1965年重新设计了IBM的标志，他在保留原有文字元素的基础上，用全新的字体为IBM塑造了新的形象，体现了IBM锐意创新、积极进取的企业精神。20世纪70年代，保罗·兰德再一次创新了这个标志，水平条纹赋予了标志更加个性的形象，与象征科技与智慧的蓝色标准色共同实现了企业形象的快速识别与高效传播，以设计的价值成功塑造了IBM在行业内的巨人形象。保罗·兰德还为美国西屋电气公司、UPS速递公司等企业成功地塑造了企业形象，为CIS在美国的发展做出了卓越的贡献。除此以外，可口可乐、麦当劳、美孚石油、3M公司、克莱斯勒汽车等都是CIS导入的典型成功案例，真实反映了CIS在美国的发展状况。

CIS在美国的发展也离不开部分在第二次世界大战后移民美国的欧洲设计师，他们的努力使得以现代工业设计为代表的美国设计跃入了世界先进行列，为CIS的发展培育了良好的设计环境。在美国，CIS主要偏重于视觉识别部分（Visual Identity）的设计，强调标志、标准字、标准色彩的设计以及这些视觉核心要素运用的标准规范，但是企业的形象识别除了视觉识别之外还包括来自企业管理层与员工群体所体现出来的行为特征与举止规范。到了20世纪60年代，日本经济的发展促使日本开始向欧美学习先进的CIS理论，CIS也因此在日本进入了发展的成熟阶段（图4-8至图4-16）。

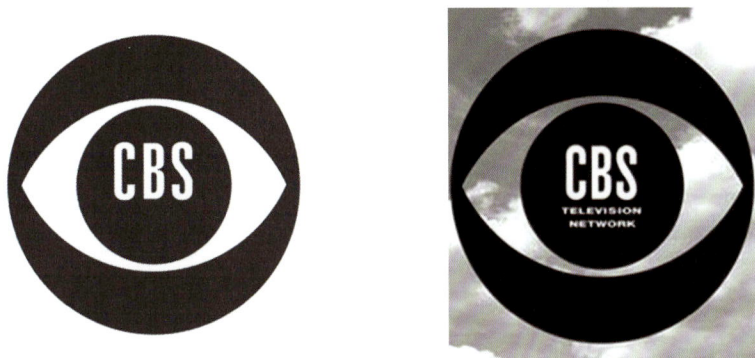

图4-8 美国哥伦比亚广播电视公司的眼睛标志

图4-9 IBM标志的演变历程

图4-10 IBM打字机的色带包装（1964）

图4-11　IBM电动磁带包装（1965）

图4-12　IBM办公室建筑立面外墙上的标志（1968）

图4-13　西屋电气

图4-14　3M公司（明尼苏达矿务及制造业公司）

图4-15　可口可乐

图4-16　克莱斯勒汽车

4.2.3　日本成熟

由于世界经济在战后的不断发展与美国企业的全球化战略，CIS理论很快传播到亚洲及其他地区。随着日本经济的快速发展，日本开始向欧美学习使用先进的CIS理论，希望企业能在激烈的市场竞争中获得生存与发展的空间。20世纪60年代末期到80年代初期，日本企业几乎都是沿用CIS的美国模式，其中较为典型的案例就是马自达公司的CIS设计。马自达公司原名日本东洋工业株式会社，于1971年更名为马自达（MAZDA）后，由被誉为"日本CI之父"的著名设计师中西元男负责CIS的设计开发，这一举措不仅给企业注入了新的发展动力，也让日本企业界对CIS有了一个较为全面的认识。继马自达之后，中西元男相继完成了大荣百货、麒麟啤酒、日本电信、住友银行、伊耐制陶、松屋百货、健伍音响等企业的CIS设计，在日本企业界掀起了CIS设计的浪潮。

随着CIS应用在日本的不断深入，日本的一些企业已经不满足于使用CIS所带来的视觉区分和市场识别，因此，以中西元男为代表的日本设计师们开始探索CIS与企业管理之间的内在联系，到了20世纪80年代中期，日本的CIS

发生了较大的变化，CIS不再只是关注视觉识别系统部分的设计，而是更多地与企业文化融合，强化企业精神的支配作用，注重企业文化的建设与传承，构建多元化的经营发展战略，强调企业与社会之间的和谐发展关系。通过设立企业的行为规范，强化CIS的管理效力，同时与企业的精神理念结合形成更加强大的凝聚力，赋予企业持久旺盛的生命力。日本设计师将精神理念部分归类为CIS的理念识别，英文译为Mind Identity，行为规范部分被命名为行为识别，译为Behavior Identity。日本设计界将CIS升华到了一个战略体系的高度，即CIS通过建构企业的精神理念推动企业文化的建设，同时在企业理念的指导下设计使用统一规范的行为识别与视觉识别，正如中西元男所定义的CIS一样："将企业的理念、素质、经营方针、开发、生产、商品流通等企业经营的所有因素，从信息这一观点出发，从文化、形象、传播的角度来进行筛选，找出企业所具有的潜在力，找出它存在的价值及美的价值，加以整合，使其在信息化的社会环境中转换为有效的标识。这种开发以及设计的行为就叫CI。"

　　CIS理论体系在日本的升华与完善标志着CIS已进入了发展的成熟阶段，其直接表现为强化企业精神理念的形成对企业长远发展的重要性，同时明确了理念识别对于视觉识别、行为识别的支配作用，CIS从过去单一的视觉识别转换为理念识别、行为识别与视觉识别三位一体的整合形象识别系统（图4-17至图4-21）。

图4-17　1975年的马自达车标

　　20世纪70年代初，第一次石油危机爆发，而此时的马自达正在大规模地采用高油耗的转子发动机，因此陷入了困境。好在得到了住友银行的帮助，马自达才得以渡过危机。动荡过后的马自达委托中西元男重新设计了商标，新商标变成了图形化的"MAZDA"文字。1979年，悬挂着新车标的RX-7上市，它搭载了一台全新的130马力双转子发动机，并且拥有四轮独立悬架以及由此带来的优异操控性，另外再加上漂亮的设计，RX-7得到了广泛的认可，被认为是马自达历史上最经典的车型之一。

1975年款Cosmo进气格栅上悬挂的是文字车标。

1979年上市的RX-7是马自达历史上最经典的车系之一。

初代RX-7悬挂的是马自达的文字车标。

图4-18　大荣百货（中西元男）

图4-19　麒麟啤酒（中西元男）

图4-20　健伍音响（中西元男）

图4-21　松屋百货（中西元男）

4.2.4　中国延展

中国台湾和香港是最早引入CIS的地区。早在20世纪70年代，台湾台塑集团掌门人王永庆就聘请了曾留学日本的设计师郭叔雄为企业进行CIS设计。郭叔雄的设计不仅为台塑集团成功打造了企业形象，推动了企业的快速发展，更是开启了台湾企业CIS设计的先河。味全食品有限公司则聘请了日本设计师大智浩作为设计顾问，全面实施CIS战略。大同公司于1969年推出的吉祥物"大同宝宝"在物资匮乏的70年代成为消费力的象征而被大多数消费者所珍藏，至今已成为台湾本土人士最为钟爱的收藏品之一，价值不菲。在这个时期，台湾的CIS主要是以向日本和欧美学习为主，到了80年代，由于大部分台湾企业已经逐渐壮大并开始实施海外营销战略，CIS的应用达到了一个高潮，汉文化与儒家思想背景下的兼收并蓄使得台湾逐渐形成了自身独特的CIS风格体系，宏碁电脑、声宝公司、统一企业、顶新国际集团等台湾著名企业的企业形象无不体现出时尚活力与含蓄内敛兼具的台湾CIS的独特风格。

香港由于其特殊的历史背景与地理位置，使得香港的CIS风格表现出东西方文化交融的特点。80年代，香港成为亚太金融中心以后，设计业迅速发展，西方美学思想与中国传统文化的碰撞，产生了古今并存、中西交融、雅俗共赏的香港独特设计风格体系，CIS设计也不可避免地受到影响，在这个时代优秀的香港设计师们的不懈努力下，一个个香港本土品牌不断崛起，展示了CIS在香港发展的新阶段。

80年代末期，CIS理论伴随着改革开放的浪潮登陆中国，1988年，广东太阳神集团委托广东新境界设计公司负责CIS的开发与设计，这是中国企业开始导入CIS的典型案例之一。太阳神集团因为导入CIS获得了极大的成功，也使得CIS开始被国内企业界所关注和接受。此后，随着CIS在中国的广泛应用，如三九药业、海尔、乐百氏、健力宝、万家乐、亚细亚等企业因为CIS战略的实施而迅速壮大，跨入了中国大型企业的行列，CIS更是一度被认为是挽救濒危企业的灵丹妙药和解决企业难题的制胜法宝，为企业界所崇拜和追捧。与此同时，国内设计界与教育界也在积极研究CIS理论，高等院校中的视觉设计类相关专业也纷纷开设了CIS相关课程，CIS理论在中国得以延续和发展。但好景不长，90年代中期以后，随着部分企业在CIS领域的高成本与低效益、高投入与低回报，以及一些早期应用CIS企业的低迷与衰败，CIS理论开始被企业界所怀疑，一时间这种被推入殿堂级的设计理论陷入了发展的低谷期，其主要原因在于不少企业过分看重CIS的作用，忽略了CIS的本质其实是企业发展和营销中的一个有机组成部分，进而造成企业因为"形大于体"而走向败落。归结而言，CIS固然能够建立企业形象，也能够在一定程度上促进销售，但如果企业缺乏在产品、技术、服务和管理方面的核心竞争力，再好的CIS也是徒然。

21世纪，中国的不断崛起为CIS创造了发展的无限空间。中国经济稳健发展，中国企业不断壮大，正在走出国门为更多的消费群体提供优质的产品和服务，中国国民的法制观念和诚信意识正在不断加强，独具魅力的中国传统文化越发受到全世界的关注，这些无疑为CIS在中国的延续和发展提供了良好的环境和条件。新一代的中国设计师应该继续秉承优质服务的宗旨，坚守自身的社会责任，在向世界学习先进的设计理论的同时从传统和民族文化中寻根溯源，探寻适合中国环境需求的CIS新模式（图4-22至图4-33）。

图4-22　台湾台塑集团（郭叔雄）

图4-23　台湾味全食品（大智浩/日）

图4-24　台湾宏碁电脑

图4-25　台湾统一企业

图4-26　香港国际机场（陈幼坚）

图4-27　香港李锦记食品（陈幼坚）

图4-28　香港乌龙茶（陈幼坚）

图4-29　香港周生生珠宝

图4-30　太阳神

图4-31　乐百氏

图4-32　海尔

图4-33　万家乐

4.3　CIS的功能与价值

　　CIS的功能与价值之间存在密切的前后承续关系，功能是CIS作为一种战略体系所发挥的功用与效能，价值则是在功能的基础上产生，是指在CIS功能得以全面良好发挥以后所产生的正面积极的作用。CIS的功能与价值相辅相成，紧密相连，没有功能无法产生价值，没有价值就无法衡量功能发挥的好坏，CIS便形同虚设。

4.3.1　CIS的功能

　　归结而言，CIS的功能主要分为对外的识别与传播、对内的管理与教化两方面的主要功能，两方面的功能紧密结合、互为作用，体现CIS作为一种战略体系的存在意义。

（1）对外——识别与传播

CIS通过建立统一完整的形象识别体系，帮助服务对象形成对外的识别与传播的功能。首先，CIS能够建立受众对服务对象的认知性识别，即让受众能够识别服务对象的基本属性以及有别于他人的个性特征。此后，随着识别的进一步深入，受众会逐渐形成对服务对象的接受性识别，或者说是形成消费者对品牌、企业的归属与信仰，进而产生明确的意向性消费行为，在提升经济和社会效益的基础上，获得更为广泛与深入的认可度和接受度。其次，CIS的传播功能是一种全方位、多维度的整合性传播，包含了形象与信息的双重传播，CIS能够将服务对象的核心形象要素与视觉识别载体、传播媒介、人员行为、营销活动、公共关系等方面全面整合在一起，使形象和信息的传播更加广泛深入。此外，随着传播进程的不断深入，将进一步促进企业与品牌形象的塑造，提升企业与品牌的形象力价值。

（2）对内——管理与教化

CIS的管理功能首先是通过统一的行为识别所形成的直接约束效力来规定和协调企业或团体人员的行为与活动，其次是视觉识别对企业或团体人员的行为与活动的规范、制约与限定作用，这是CIS对内的管理功能的直接表现。此外，良好的形象会形成一种对企业或团体行为的约定作用，能够制约企业或团体的行为，间接实现企业管理的功效。CIS的教化功能是指在CIS的设计与实施过程中所建立起来的企业或团体的精神理念与文化思想对其人员所形成的教育、激励和凝聚的作用，教化功能是利用积极的精神理念与先进的文化思想对人员进行教育和培训的过程，有利于提高全体人员的思想素质和文化层次，培养人员对于企业或团体的忠诚度和归属性，以及为企业奉献的精神和意识，这对于企业的长远发展有着非常重要的作用。

4.3.2　CIS的价值

CIS的价值主要反映在形象力价值、经济价值和文化价值三个方面，其中形象力价值是CIS的核心价值，这是基于CIS建立形象识别的本质所决定的。形象力价值包含了在品牌形象、产品形象、服务形象、人员形象、经营管理形象、公共关系形象、环境形象等多方面的价值体现，对于企业发展具有非常重要的意义。其中，品牌形象是企业形象的最高境界，是由企业或品牌名称、商标、产品包装、广告等共同反映的企业或品牌的独特个性特征。品牌形象是产品形象和服务形象的综合体现，优秀的品牌形象能够给企业带来巨大的经济利益，因此品牌形象是企业最为重要的无形资产之一。形象力价值的实现取决于CIS导入的系统性和整合性，一方面，规范统一的视觉核心要素要能够反映企业或团体的精神理念；另一方面，优化整合的传播方式要能够使信息集中而系统化，进而强化形象识别的力度。

CIS的经济价值和文化价值是建立在形象力价值之上的，导入CIS的终极目的就是创造更大的经济价值。至于文化价值，是基于实现经济利益之上的企业或品牌长远发展的重要武器，伟大的品牌之所以伟大，是因为它创造了独一无二的品牌文化，能够培养消费者的品牌归属，进而形成长期稳定的品牌信仰。综上所述，成功的CIS最直接的作用就是能够为企业或团体等应用者创造形象力价值，而形象力价值是企业发展和品牌建设的加速器，形象力价值不仅能够为企业实现更大的经济价值，也是企业文化建设的重要组成部分，其作用和意义不言而喻（图4-34）。

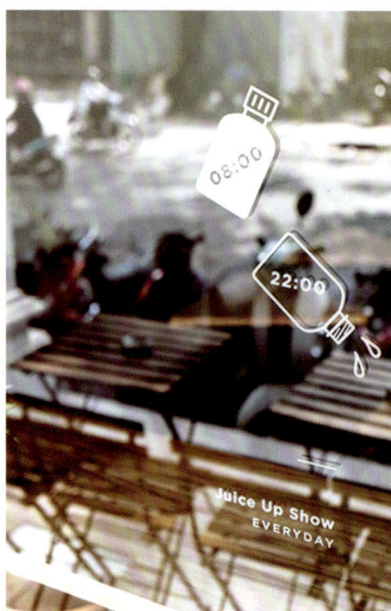

图4-34　西贡果汁

西贡果汁（JUS）是位于越南胡志明市的有机
冷榨果汁品牌，于2015年9月由ANH、HAONGUYEN
和MISA VU三位共同创立，他们希望开发一系列由
最好的原材料和有机材料制成的新鲜营养果汁。
经过不断努力，他们研制了全新的冷榨技术，让产
出的果汁更加健康美味。在2017年，当地设计机
构M-N Associates为这家全新的果汁品牌打造了
全新的品牌形象。西贡果汁的品牌标识非常简单，
整体以曲线造型设计，将自然有机曲线的美与品
牌结合，创造出天然有机的视觉形象。在包装设
计中，设计师基于瑜伽中的等边三角形概念，让身
体、精神和心灵连接在一起，设计出独特的三角造
型瓶身，与标志一起为西贡果汁塑造了清新简约的
品牌形象。

5　CIS的组成要素与导入流程

5.1　CIS的组成要素

概括而言，CIS系统主要由理念识别（MI）、行为识别（BI）和视觉识别（VI）三个部分组成，三个组成部分相互依存，不仅完整展示了CIS理论的构成体系，还全面反映出实施CIS战略的目标与效果。CIS的理论是在CIS的应用与发展过程中逐步完善起来的，融合了在营销学、管理学、设计学、公共关系学等多学科领域的相关知识，在全球范围内已拥有极高的认可度和使用率，不仅成为企业发展不可或缺的重要战略管理体系，也是团体、活动与个人形象塑造必不可少的重要手段。随着时代的发展与进步，CIS的理论也随之不断拓展与提升，将会为更多领域和对象提供更加优质的服务。

5.1.1　理念识别（MI）

（1）概述

MI，是英文Mind Identity的缩写，译为理念识别，是指包括企业或团体的发展目标、精神面貌、经营理念、生存哲学和社会责任等方面的企业或团体文化意识形态的总和。从企业的角度来讲，理念识别反映的是企业存在的社会价值，是企业的发展建设与经营管理的指导思想；同时，企业理念还是规范企业与人员行为的最高准则，同时也是企业形象建构的基础，是企业的灵魂与精神支柱。因此，企业理念应当是得到社会普遍认同的，能够反映企业个性特征的，为保持企业正常运作并促使企业长远发展而构建的反映企业经营意识的价值体系，是企业文化的集中体现。从识别的角度来看，理念识别主要体现为通过高度的概括和提炼所形成的简练明确的，能够被企业或团体内外所接受的易于识别和记忆的文字信息。

必须认识到的是，理念识别的形成并非是一朝一夕的事情。从企业的角度来看，一个企业在成长的过程中，企业理念会转换为各种自觉或不自觉的企业行为，这些行为反映出企业的价值观念和文化意识，因此绝非在短时间之内能够用几句话简单概括的。企业理念的形成源自企业在生产实践与发展运作中各种成功经验的总结、归纳与提炼，因此企业理念的设立要紧密结合企业实际，通过缜密的调查研究，深入了解企业的精神内涵。同时，理念的设立与表述并非要面面俱到，所谓的全面其实是失去了特色，等于没有理念，因此必须使用准确独到、简洁明确的语言文字加以概括和表达，形成易于传播的理念和口号，使其对内不仅能够指导企业的生产经营活动，还能获得广大员工群体的接受形成共同的企业价值观和精神凝聚力，对外能够博得受众的认同与社会的支持，展示企业有别于他人的独特形象。此外，随着时代的发展，CIS已经不再局限于企业使用，任何有需要的团体、个人和活动都可以导入CIS，因此，在设定理念识别的时候必须结合服务对象的特点，建立能够体现服务对象个性特征的理念识别体系，为CIS的顺利实施奠定坚实的思想意识基础。

（2）理念识别的内容

较其他团体或对象而言，企业的理念识别具备内容的完整性和复杂性，以及建构的长期性，因此以企业为代表，理念识别主要分为企业目标、企业使命、企业精神与价值观、经营理念四个主要内容，理念识别系统的建立正是基于对上述四个方面内容的提炼与升华，最终形成不同企业各具特色的理念识别。

● 企业目标

简单来说，企业目标是指企业的未来发展方向。企业必须拥有明确的发展方向，才能使员工上下一心、团结奋进，形成为实现目标而努力的企业精神与凝聚力。企业目标主要分为总体目标和具体目标，总体目标即长远目标，表达的是对企业前景与发展方向的期望与规划，须具备统领性与务实性相结合的特点；具体目标则是指企业分阶段的发展计划，体现在企业发展的方方面面，具有操作时间短、评价指标明确、成果可量化等特点。

● 企业使命

企业使命是企业存在的目的和理由，也可以理解为是企业的社会责任。企业使命首先阐明了企业对社会的经济责任和法律义务，这是企业在社会生存应遵守的基本法则；其次，企业使命还体现在企业应当积极投身于社会建设之中，主动举办或参与各类慈善与公益活动，以高度的社会责任心和使命感为企业竖立信誉与口碑，获得社会大众的信任与支持，促进企业与社会的和谐发展。

● 企业精神与价值观

企业精神与价值观是指企业全体或大部分员工共同一致、彼此共鸣的思想境界与价值取向。企业精神与价值观是企业全体员工在长期的企业活动中积累，并经过有意识地概括、总结和提炼得到的思想意识成果，具备建设的长期性和使用的稳定性等特征，因此不仅不可轻易更换和改变，还需要在企业发展的进程中不断充实和完善。归结而言，企业精神和价值观是产生企业团体凝聚力的源泉与推动企业发展的内在动力，是企业的重要财富之一。

● 经营理念

经营理念是企业的经营思想和经营方针的总和。经营思想是指企业生产经营活动所依据的指导思想和价值观念。经营思想不仅是企业生产经营活动的指导原则，也是衡量生产经营活动的价值标准。经营方针是经营思想的明细化和具体化，是指导企业各类生产经营活动的准则和计划。总的来说，经营思想定位于解决企业在什么领域从事何种生产经营活动的问题，而经营方针则是具体解决企业应当如何去开展生产经营活动的问题，二者相辅相成，共同作用于企业的生产经营活动。

【案例1】华为技术有限公司的企业理念

华为，构建万物互联的智能世界。

● 华为是谁？

华为是全球领先的信息与通信技术(ICT)解决方案供应商，专注于ICT领域，坚持稳健经营、持续创新、开放合作，在电信运营商、企业、终端和云计算等领域构筑了端到端的解决方案优势，为运营商客户、企业客户和消费者提供有竞争力的ICT解决方案、产品和服务，并致力于构建更美好的全联接世界。目前，华为约有18万名员工，业务遍及全球170多个国家和地区，服务全世界三分之一以上的人口。

● 我们为世界带来了什么？

为客户创造价值

华为和运营商一起，在全球建设了1500多张网络，帮助世界超过三分之一的人口实现联接。华为携手合作伙伴，为政府及公共事业机构，金融、能源、交通、制造等企业客户，提供开放、灵活、安全的端管云协同ICT基础设施平台，推动行业数字化转型；为云服务客户提供稳定可靠、安全可信和可持续演进的云服务。华为智能终端和智能手机，正在帮助人们享受高品质的数字工作、生活和娱乐体验。

推动产业良性发展

华为主张开放、合作、共赢，与客户合作伙伴及友商合作创新、扩大产业价值，形成健康良性的产业生态系统。华为加入360多个标准组织、产业联盟和开源社区，积极参与和支持主流标准的制定、构建共赢的生态圈。我们面向云计算、NFV/SDN、5G等新兴热点领域，与产业伙伴分工协作，推动产业持续良性发展。

促进经济增长

华为不仅为所在国家带来直接的税收贡献，促进当地就业，形成产业链带动效应，更重要的是通过创新的ICT解决方案打造数字化引擎，推动各行各业数字化转型，促进经济增长，提升人们的生活质量与福祉。推动社会可持续发展作为负责任的企业公民，华为致力于消除全球数字鸿沟，在珠峰南坡和北极圈内，在西非埃博拉疫区、日本海啸核泄漏、中国汶川大地震等重大灾难现场，都有华为人的身影；推进绿色、低碳的环保理念，从产品规划、设计、研发、制造、交付以及运维，华为向客户提供领先的节能环保产品和解决方案；华为"未来种子"项目已经覆盖108个国家和地区，帮助培养本地ICT人才，推动知识迁移，提升人们对ICT行业的了解和兴趣，并鼓励各国家及地区参与到建设数字化社区的工作中。

为奋斗者提供舞台

华为坚持"以奋斗者为本"，以责任贡献来评价员工和选拔干部，为员工提供了全球化发展平台、与世界对话的机会，使大量年轻人有机会担当重任，快速成长，也使得十几万员工通过个人的努力，收获了合理的回报与值得回味的人生经历。

● 我们坚持什么？

华为30年坚持聚焦在主航道，抵制一切诱惑；坚持不走捷径，拒绝机会主义，踏踏实实，长期投入，厚积薄发；坚持以客户为中心，以奋斗者为本，长期艰苦奋斗，坚持自我批判。

我们不会辜负时代慷慨赋予我们的历史性机遇，为构建万物互联的智能世界，一往无前。

【案例2】华润三九医药股份有限公司的企业理念

● 华润三九文化体系

● 企业使命

● 企业愿景

致力成为自我诊疗引领者，中药价值创造者。

● 企业价值观

诚实守信，业绩导向，以人为本，创新发展。

　　诚实守信是华润三九的核心价值观，是华润三九建基立业的根本；业绩导向是华润三九发展壮大的支撑；以人为本是华润三九价值创造的宗旨；创新发展是华润三九迎接挑战的动力。

● 企业价值理念

● "十三五"华润文化理念体系图

5.1.2　行为识别（BI）

（1）概述

BI，是英文Behavior Identity的缩写，译为行为识别，是指企业或团体在内外活动中所形成的规范一致的行为准则。首先，行为识别是在理念识别的指导下，通过企业或团体内外的全部行为来展示其形象的识别系统，是理念系统的动态展示和表达。其次，从企业的角度来看，行为识别的作用在于将企业理念充分渗透到企业及员工的全部行为之中，员工在充分理解企业理念的基础上形成自觉遵守的行为准则体系，提升企业的行为规范意识与员工的行为素质，通过规范、统一及高素质的行为将企业的精神理念传递给受众，推进企业形象的识别、传播和强化。

需要明确的是，行为识别不等同于各种具体的规章制度，规章制度包含在行为识别之内，其作用主要是对企业人员的管理和约束。行为识别则是贯通于企业内外的全部行为与活动之中，是一种由企业独创的具有激发和推动作用的体系机制，对内协调和团结员工群体，激发全体员工的积极性和创造性，形成促进企业发展的核心能动力；对外规范企业行为，推进企业在营销、服务、公关等方面行为的统一与规范，构建为受众认可并接受的企业行为识别体系，促进企业的长远发展。

（2）行为识别的内容

行为识别的内容非常多，涉及营销学、管理学、公关学、传播学等学科的相关知识理论，归结而言，以企业为代表的行为识别主要分为企业的内部行为和外部行为两部分。

● 内部行为

企业的内部行为识别主要包括员工教育、业务培训、决策方式、组织机构、管理制度、部门协调、工作环境、生活福利、环保措施、研究发展等方面的内容，根据企业领域与性质的不同各有侧重点。

● 外部行为

企业的外部行为识别主要包括产品开发、市场调查、促销活动、公共关系、金融关系、资源分配、流通政策、股市政策、宣传活动、公益活动、文化活动等方面的内容，根据企业目标与经营理念的不同各有区别。

5.1.3 视觉识别（VI）

（1）概述

VI，是英文Visual Identity的缩写，译为视觉识别，是指企业或团体信息传达的全部视觉载体。视觉识别在理念识别的支配下，通过视觉传达的方法建立企业或团体独特的视觉符号，展示企业或团体有别于他人的独特视觉形象。首先，视觉是人类信息获取的主要途径，相关研究表明，超过80%的信息会通过视觉感知和接收，视觉识别正是利用了人类视觉的优势将CIS中的抽象信息转化为人类视觉可以感知和接收的可视化信息类型，因此视觉识别具有传播的直观性和具象性。其次，从企业的角度来讲，视觉识别是以理念识别为基础和依据，通过系统性的整合形象识别向受众传达企业的精神与价值观、经营理念、文化内涵等核心内容，同时与行为识别有机结合起来，将视觉形象要素统一有序地应用到企业的各种行为之中，实现形象识别与信息传播的多角度、全方位。

更重要的是，在信息时代，视觉识别是企业或团体信息传达的主要载体，虽然随着时代的发展和技术的进步，利用听觉、触觉和嗅觉等其他感官的力量进行信息的传递也逐渐开始流行起来，但由于视觉显著的感官优势，其信息传达的主体地位依然无法被撼动。因此，视觉识别系统必须要具备整体性、统一性、独特性、美观性四个特点，如果因为视觉识别的不成体系导致信息传播混乱，或因为视觉识别缺乏个性和美感导致其形象吸引力缺失，视觉识别就难以建立起企业或团体与受众沟通的桥梁，企业的核心思想也就无法传递给受众，CIS将会陷入僵化和无用的境地。归结而言，视觉识别对于CIS的意义非同寻常，甚至可以说，缺了视觉识别，整个CIS都将不复存在。

（2）视觉识别的内容

视觉识别的内容通常是由基础要素和应用要素两部分组成，基础要素是以标志为核心的系统化形象符号的设计整合，在表达企业理念的同时也是应用要素部分各项目设计的核心与基础，具备设计制作的标准化与应用的统一性的特点。应用要素是展示形象的各类设计应用载体的总和，统一规范的基础要素必须要在各类应用载体中得以应用展示才能完成形象的展示与传播。因此，优秀的视觉识别系统是对企业或团体形象的整合与提升，是传达的同一性与表现的创造性的完美结合。

● 基础要素

视觉识别的基础要素部分主要包括标志、标准字、标准色、辅助图形、吉祥物、标准制作规范、色彩应用规范、要素组合规范八个类别的内容。其中，吉祥物可根据实际需求选择设计和使用，并非为基础要素部分的必选项目。

● 应用要素

视觉识别的应用要素部分主要包括办公事务系统、包装用品系统、广告宣传系统、交通运输系统、公关礼品系统、服装服饰系统、网络媒体系统、空间导视系统、室内外环境系统九个类别（图5-1）。

图5-1　3kiwi婴幼儿用品网上商店

3kiwi公司成立于2011年，是波兰的一家婴幼儿用品网上商店，同时在线下也有开设实体店面。2018年3月，3kiwi邀请当地一家设计公司为其重新设计了品牌识别系统，包括全新的品牌LOGO、网站以及相关的线下宣传资料。设计师将原来品牌中的3个鹬鸵（3Kiwi的名称也是直接采用这种鸟的名称，其叫声听起来特别像"kiwi"，所以也叫几维鸟）重新提炼，巧妙地和"爱心"结合在一起，表达了父母与孩子之间亲密、关爱和呵护的概念。

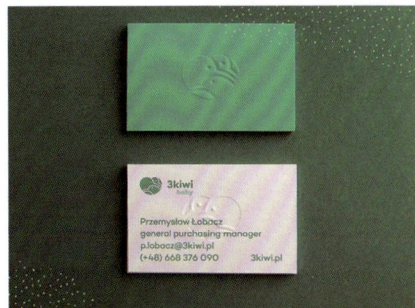

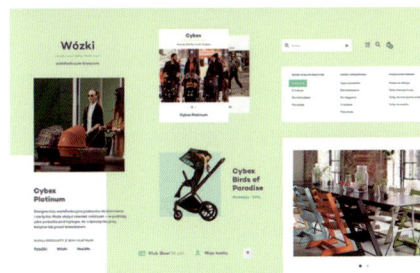

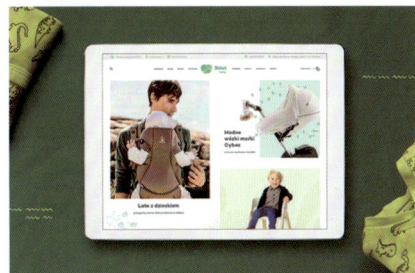

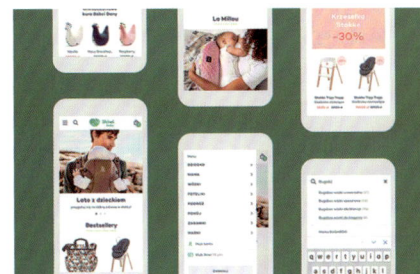

5.1.4　MI、BI、VI之间的关系

CIS在日本发展的阶段，就已经确立了MI、BI与VI三位一体的理论体系，就其发展的顺序来看，VI是CIS中最早形成的部分，表达的是企业的外在形象，类似于人的仪表和着装，反映着企业的风格与气质。此后，随着时代与企业发展的需求，MI和BI进入了CIS之中，形成集理念、行为与视觉三个层次的企业形象识别系统，其中，MI是企业的头脑和核心，在整个CIS中起着主导和支配作用，类似于人的大脑，反映着企业的人格内涵；而BI是渗透了理念精神的企业行为，类似于人的手和脚，反映着企业的能力与性格。MI、BI、VI三者之间相互交融、互为作用，共同构成完整的CIS。但需要强调的是，MI、BI、VI虽同属CIS，但由于其内容的差异，所导致的工作重心也不同，对于视觉设计师来说，工作的重点仍然是在VI视觉识别系统部分，但作为视觉设计师，则应当充分了解MI和BI的内容以及对企业的重要作用，将企业理念充分融会贯通到VI的开发与设计之中，让视觉识别充分做到有理可依、有迹可循；同时，将BI与VI的运用与管理充分联系起来，强化VI的执行与管理，推进企业形象的传播。归结而言，今天的企业，无论开发出多少在理念、行为与外观形象方面属于自身独特的内容，但抱诚信守真的理念、友好善良的行为、赏心悦目的形象，永远是CIS的终极指向与最高境界。

5.2　CIS的导入流程

CIS的导入是一个长期而复杂的过程，因此需要遵循一定的流程与计划。CIS的导入流程是指CIS的开发、设计与导入的整个工作流程，大致可以分为立项与调研、定位与策划、开发与设计、实施与管理四个阶段，四个阶段又分别包含各自具体的操作环节，环节间紧密结合、缺一不可。以下便是以企业为代表来阐述的CIS导入的全部流程。

5.2.1　立项与调研

CIS的立项是指确定CIS导入的计划安排，通常是由决策层根据企业的发展状况，在确认时机成熟的条件下提出CIS导入的计划设想，并通过开展知识讲座宣讲CIS的功能作用与战略意义，最大限度地取得全体员工的思想认同。这个阶段的主要工作包括CIS导入计划书的制订与CIS工作机构的组建两个环节，计划书的内容通常包括明确CIS导入的动机和目的，CIS导入的工作流程以及费用的预算等方面；CIS工作机构的组建包括成立CIS委员会，负责CIS的计划、执行、管理、监督等工作，然后由CIS委员会落实确定相关的合作机构，进行CIS具体项目工作的洽谈和合作。

调研是CIS开始之前的最为重要的准备工作之一，主要包括调研方案设计与计划的制订、调研范围的确定与调研方式的选择、调研数据的分析与调研报告的撰写三个方面的主要内容。其中，调研范围主要分为内部调研和外部调研，内部调研包括对企业内部相关资料和数据的调查与分析，以及通过问卷调查、访谈等方式对内部员工进行调研，了解他们对企业发展目标、经营管理、工作环境和福利待遇等方面的看法、意见和建议；外部调查主要是通过对市场、受众人群、竞争对手等方面的调研了解企业在技术实力、生产服务、形象信誉等方面的数据和信息。此外，对于调研数据的分析与总结要注意的是调研数据的真实性和调研结果的可靠性，并在此基础上撰写调研报告书，详细论述调研的目的、内容、范围、对象、数据，并得出相应的结论，为之后CIS的定位与策划提供准确有效的依据和基础。

5.2.2　定位与策划

定位与策划是CIS导入的第二个重要工作，目的是完成对CIS主体内容的宏观规划与MI、BI体系内容的创建。首先是根据调研报告书的结论对企业的现状进行清楚明确的认识，然后在此基础上，针对所要达到的企业目标形象进行具体的形象与品牌策略定位，构建适合

企业发展的目标规划，为之后的策划工作提供明确的指导方针。其次，在策划阶段，先是由企业决策层与专业策划机构共同完成MI理念识别系统的策划与创建，其内容主要包括企业目标与经营理念的设定，企业使命、精神与价值观的构建，进而形成相对完整的企业理念，为企业文化的建设奠定坚实的理论与精神基础。再次，根据企业理念的定位与方向，规划与制订BI行为识别体系的主要内容和基本准则，并在此基础上逐步完成企业对内对外的基本行为体系的建设。最后，在MI和BI部分完成之后，就要通过相关手段和方式进行贯彻与执行，将企业理念在员工中进行传达和渗透，逐步形成企业发展的核心凝聚力；同时利用BI规范企业内外的行为，提升员工素质，以规范统一的企业行为传达企业的精神理念，进而营造良好的企业形象。

定位与策划是CIS导入流程的中间环节，起着承上启下、前后连贯的重要作用，其重要性不言而喻。MI和BI系统的完成构建了CIS战略的基本框架，为后期VI系统的开发与设计奠定了坚实的基础。

5.2.3　开发与设计

开发与设计的阶段主要是指VI视觉识别系统的创意、设计与表现的阶段，这个阶段是整个CIS导入流程中的重点，是将处于文字描述的企业形象视觉化的过程，也是将抽象的概念、思想具体化的过程，是在CIS委员会的指导下，由专业设计机构完成的工作环节。

视觉识别系统的设计要把握两个基本原则，首先要以企业既定的目标形象定位为导向，其次是要以市场和受众的识别与接受为目标，归结而言，视觉识别系统的开发与设计主要包括以下几个方面。第一，以企业的形象定位为基础，将抽象的企业理念转化为以标志为代表的核心视觉要素。第二，在此基础上进行基础要素部分的设计与整合。基础要素部分的设计工作至关重要，只有做好了这个环节形成视觉要素应用的基本规范，后面的应用要素设计才能顺利展开。第三，以基础要素为基础，完成各项应用要素的设计工作，将企业形象以各种具体的载体展现并传达给受众，这项工作的进行要围绕着基础要素部分所规定的各项设计规范展开，以构建完整、统一、规范的企业视觉形象。第四，在上述所有工作完成以后就要进行VI手册的编制，这是将基础要素与应用要素以规范、完整、美观的形式展现的重要环节。因此，VI手册不仅是实现各视觉要素规范化使用与实施的重要手段，也是企业形象战略实施的权威性指导文件。另外，VI手册会根据不同企业的特点表现出在内容、规模和形式等方面的差别。

5.2.4　实施与管理

实施与管理是CIS导入流程的最后一个环节，主要包括CIS信息的发布、CIS体系中各项工作的落实与反馈，以及对CIS工作实施的管理与监督。首先，在CIS信息发布的环节，必须掌握好CIS信息发布的合理时机和有效形式，这是企业获得市场与受众关注，企业形象初步形成的重要时期。其次，要将CIS体系中策划与设计的各项具体工作有计划、有步骤地落实下去，并贯彻到企业的各项工作之中，因此对企业员工进行培训和教育在这个环节中就显得至关重要。同时，建立合理有效的反馈机制，在实施过程中不断发现问题，并针对问题及时提出修改建议或完善方案，在实践中不断完善CIS系统，提升CIS战略体系的实用性和有效性。最后，建立隶属于CIS委员会的CIS管理的专门机构或部门，负责指导、管理和监督CIS实施和执行的全部过程。这个机构的工作重心是在突出目标管理的前提下，强化CIS的执行力度，推进CIS的实施进度，让CIS导入的整个流程有条不紊地顺利进行与实施下去。

QQ支付，原名财付通（Tenpay），是腾讯公司于2005年9月正式推出的专业在线支付平台，其核心业务是帮助在互联网上进行交易的双方完成支付和收款。QQ支付致力于为互联网用户和企业提供安全、便捷、专业的在线支付服务。2017年，QQ支付进行了品牌重塑，以下便是QQ支付品牌重塑的流程。

1.0	**2.0**	**3.0**
BRAND RESEARCH & REVAMP	BRAND LOGO DESIGN	BRANDBOOK DESIGN
品牌调研及定位	**品牌标志设计**	**品牌设计规范**

1.0　品牌调研及定位

（1）国内外支付类品牌

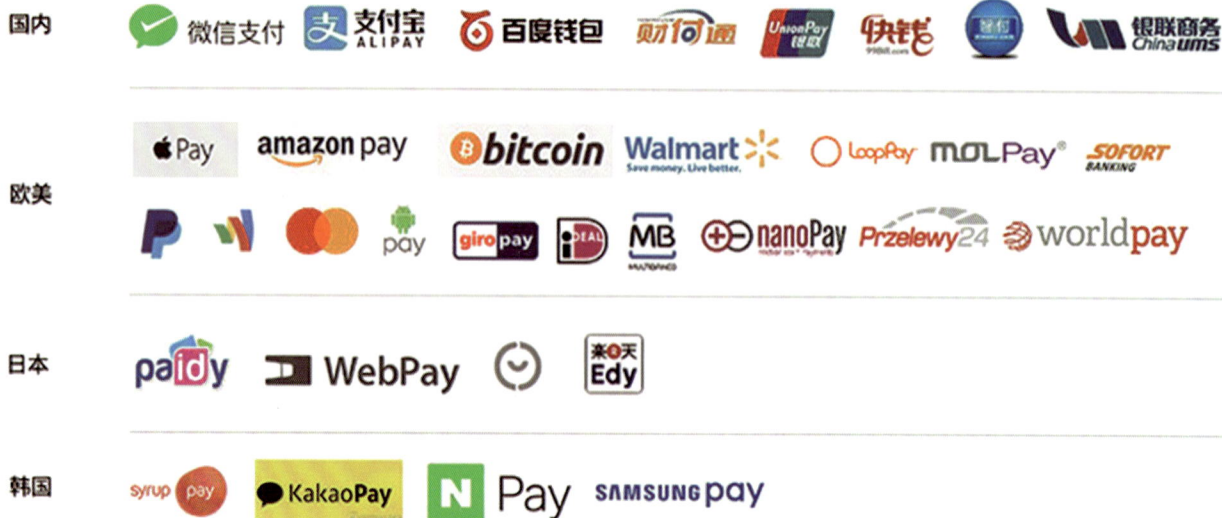

（2）色彩分析

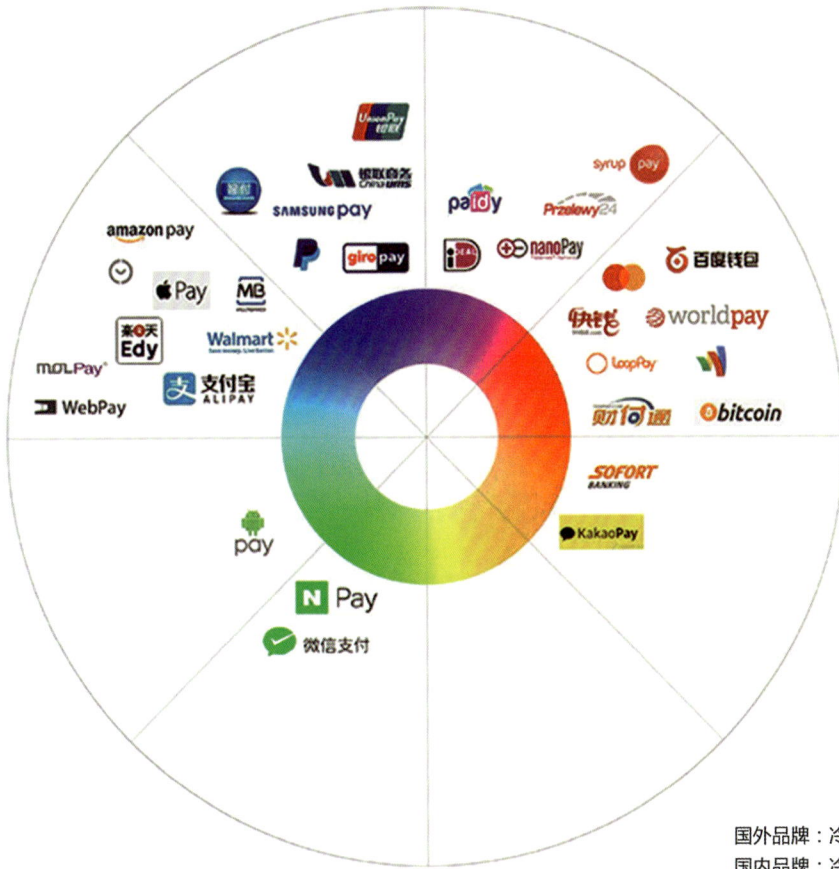

国外品牌：冷暖基本持平
国内品牌：冷色系居多

（3）图形分析

国外品牌
稳重文字类居多

国内品牌
稳重图形类居多

（4）相关产品收集分析

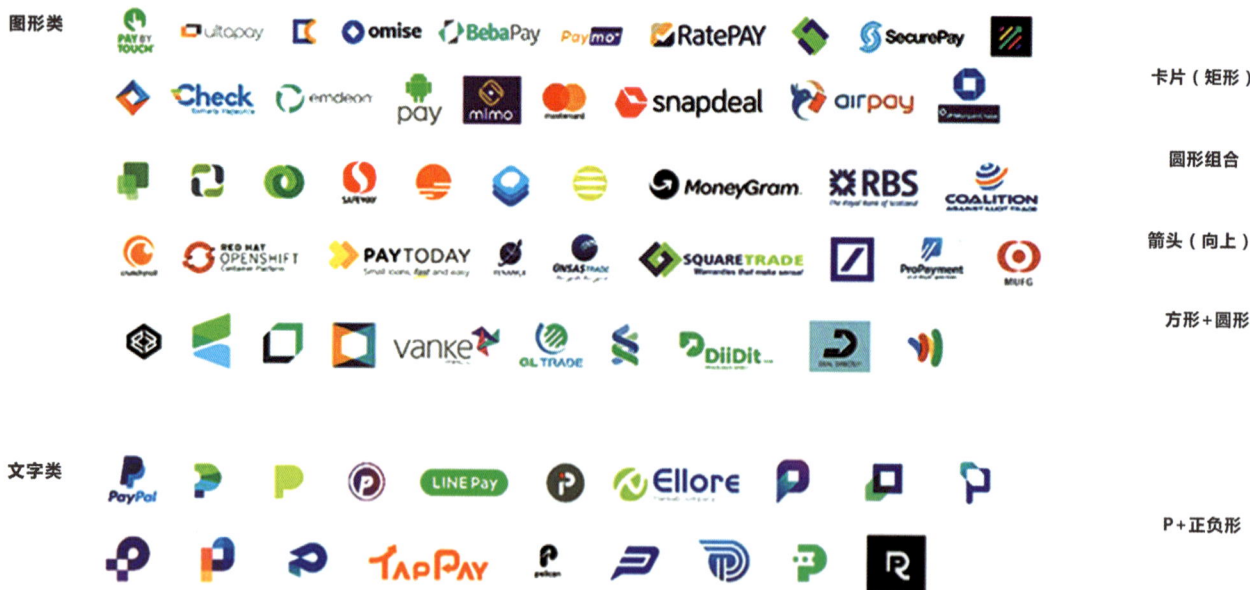

图形类

卡片（矩形）

圆形组合

箭头（向上）

方形＋圆形

文字类

P＋正负形

通过市场调研并得出相关结论。结合QQ支付产品的目标人群与产品特性，得出以下品牌设计模型。

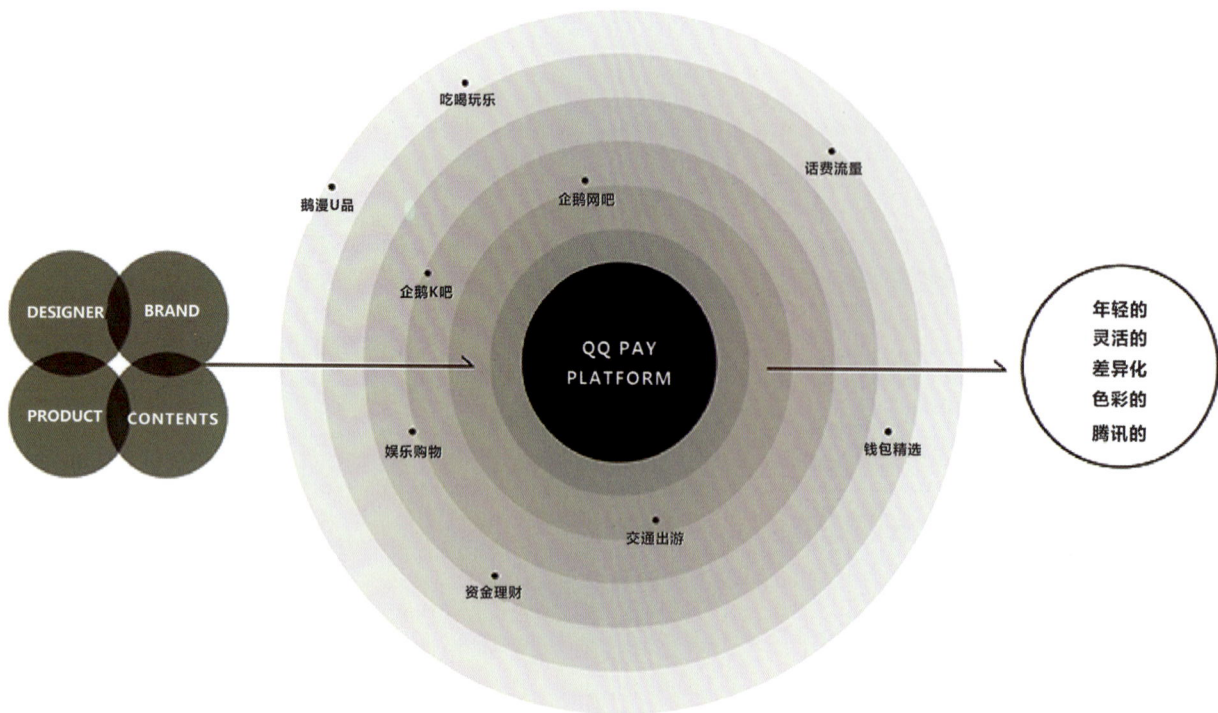

2.0 品牌标志设计

（1）品牌关键词的搜索

（2）标志设计草图

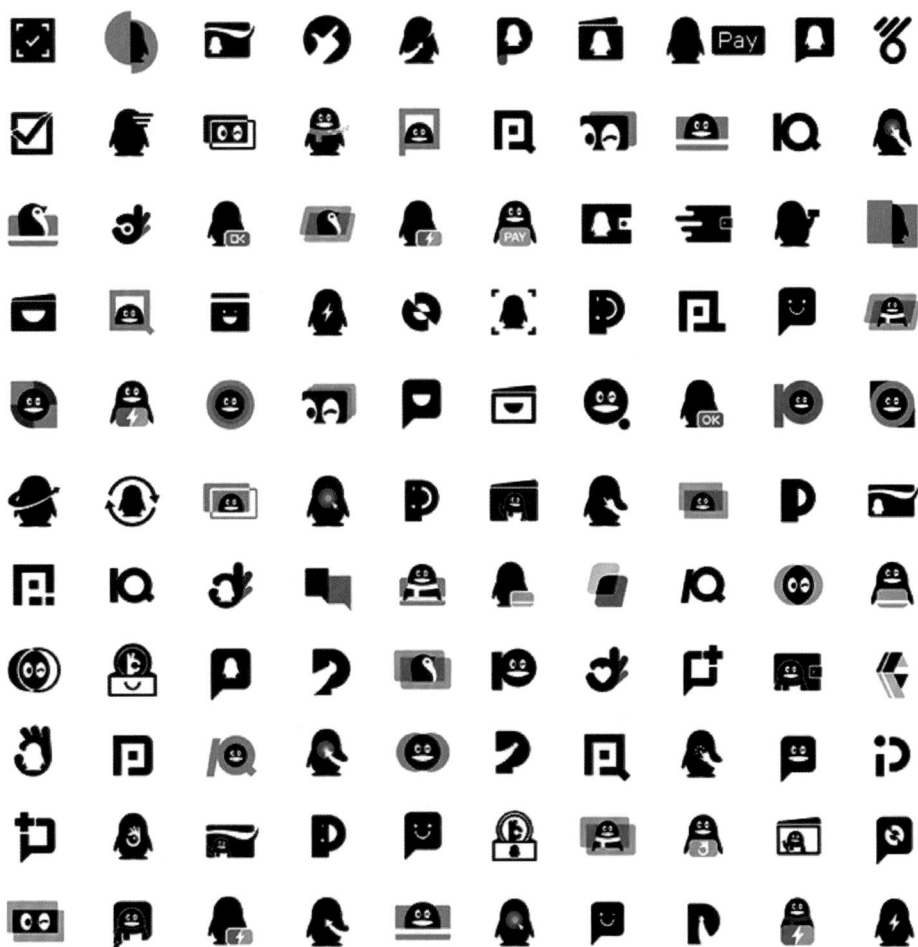

（3）标志设计提案

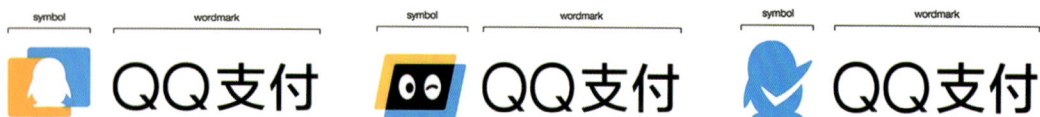

方案1：扣在一起的两个方形元素寓意着不同的文化与平台，抽象的几何方形元素与QQ的剪影巧妙地结合，意在传达出QQ支付品牌的主要内容。

方案2：将倾斜的两个方形元素重叠在一起寓意着具象的卡片元素，重叠的几何形体搭配深浅不一的色彩组合，大大丰富了标志的层次与深度，标志中提取了QQ图形中的眼睛元素，简约而不简单。

方案3：将QQ招手的形态剪影与支付成功的图形巧妙结合，表意清晰的同时又传达给用户这样的信息：QQ支付，喜欢就付，使QQ支付传达出年轻、热情、以人为本的视觉语言。

（4）优化标志设计

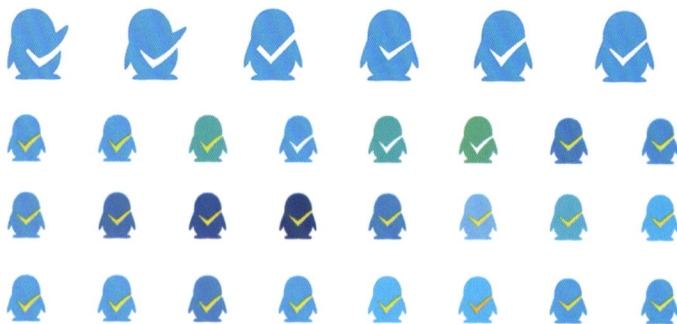

（5）最终标志方案

（6）色彩设计

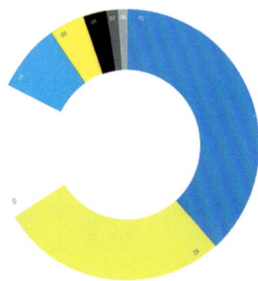

3.0 品牌设计规范

（1）图形元素

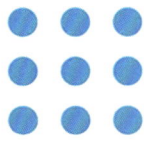  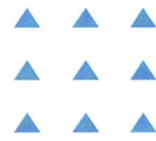 

聚合　　　　　　传播　　　　　　稳定　　　　　　效率
Gathering　　　　Spread　　　　　Stable　　　　　Efficient

（2）图形结合

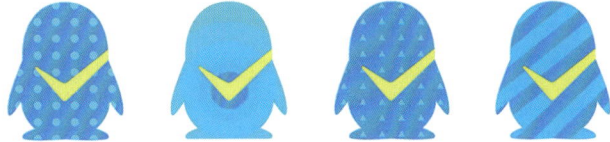

（3）辅助图形　　　　　　　　　　（4）设计元素

（5）应用设计

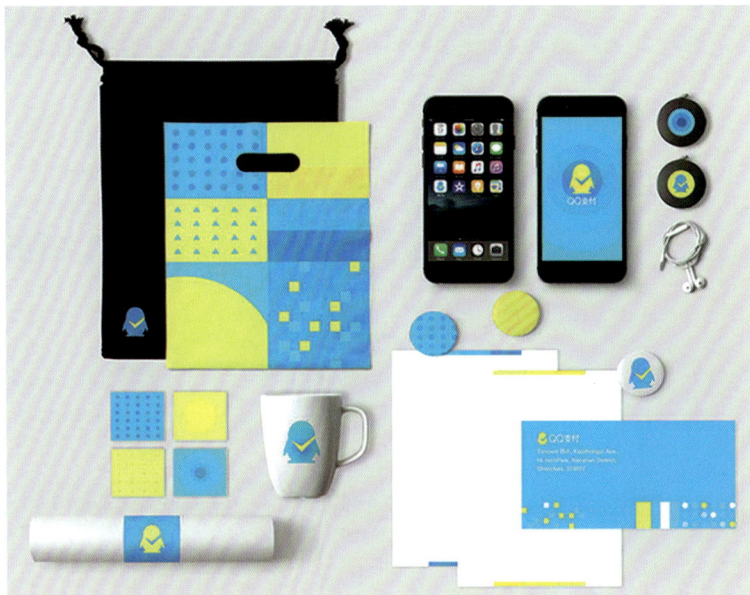

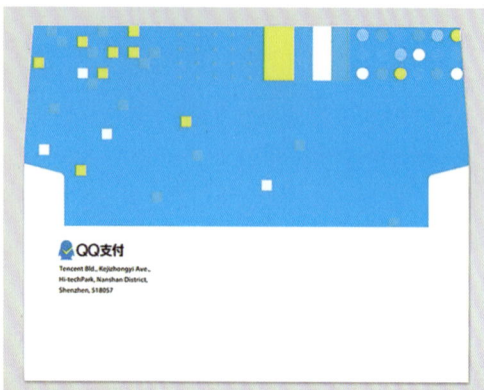

6 VI设计

6.1 基础要素设计

基础要素是整个VI系统的核心，主要包括标志、标准字、标准色三个核心视觉要素与辅助图形、吉祥物两个辅助视觉要素，以及标准制作规范、色彩应用规范、要素组合规范三个设计制作规范等相关内容，其中，吉祥物并非所有视觉识别系统都必须要拥有的内容，拥有与否主要取决于设计对象是否有此需求。简言之，基础要素部分的设计工作是在完成核心视觉要素的基础上制订完整详细的视觉要素使用规范，目的是形成统一规范的设计使用标准，使整体视觉形象的应用与传播在统一标准化的基础上更加科学而合理。

6.1.1 标志

标志是VI系统的核心要素，在基础要素部分的三个视觉核心要素之中，标志是核心中的核心，其设计的重要性不言而喻。标志在充分融合设计对象内涵的基础上，通过鲜明而独特的视觉符号语言进行信息的表达与传递，从企业的角度来讲，标志将企业理念高度浓缩在特定的视觉符号之中，因此标志不仅是企业精神的形象化身，还承载着企业创始人对企业发展所寄予的美好愿景。

在基础要素部分，标志是整合所有视觉要素的核心与主导力量，因此标准字、标准色、辅助图形与吉祥物的设计表现都要以标志的创意、风格与形式为核心，形成体系完整、规范统一的视觉要素序列；同时，在制订标准制作规范、色彩应用规范与要素组合规范时，也要以适应和突出标志为前提，以鲜明的视觉效果与规范的表现标准强化视觉传播的力度。此外，由于标志使用的广泛性和高频率，作为视觉信息传达的重要载体，标志的设计要符合识别性、独特性、审美性、准确性和延展性五个标志必须具备的基本特性。

在本书的标志设计部分，已经详细地讲解了标志的各种类型以及创意设计的方法，因此在VI设计部分将不再重复标志设计相关内容的表述，而是将重心放在标志的制作规范以及标志与其他基础要素之间的组合运用等知识点的阐述之中，期望能做到前后结合、互为作用，突出每一个知识点的重要性和功用性（图6-1、图6-2）。

6.1.2 标准字

标准字是仅次于标志的视觉识别系统的核心要素之一，常与标志组合使用，推广并强化设计对象的形象。从企业的角度来讲，标准字将企业的个性特征以独一无二的文字形式表现出来，是属于企业或品牌专用的文字类型。归结而言，标准字要求具备简明、独特与美观的基本特征，匹配标志与视觉形象系统的风格气质，有利于受众的识别、阅读和记忆，因此其设计的要求相对较高。需要明确的是，标准字不等同于文字标志。标准字的内容是设计对象的名称，如企业名称、品牌名称等，在设计上需遵循一定的文字编排规律；而文字

图6-1 标志——俄罗斯超级联赛（RFPL）

图6-2 标志——仙友日式甜品

标志是标志按形式分类的其中一种类型，在内容的选择和设计表现方面有相对较大的自由度，因此切不可将二者混为一谈。此外，标准字与用字规范也是两个完全不一样的概念，用字规范是指根据设计对象的相关需求所设置的专用字体规范，用字规范强调的是在已有字体中进行选择和使用的字体规范，并非字体设计的要求，因此二者不可同日而语。

通常，标准字主要分为中文标准字和英文标准字两种类型，其中，企业标准字还可分为中英文企业简称标准字和全称标准字，简称标准字多与标志搭配在各种传播媒体中广泛使用，而全称标准字既可与标志搭配，也可单独使用在各种有需要的地方（图6-3至图6-5）。

图6-3　中文标准字——京东云

图6-4　英文标准字——加拿大太阳马戏团

图6-5　中英文标准字——太原地铁

6.1.3　标准色

色彩由于所具有的视觉传达的领先优势，早已成为视觉识别系统中不可或缺的重要核心视觉要素。标准色，简单来说就是标志所使用的色彩。标准色可以是单色，也可以是复色。如果从企业的角度来讲，标准色是对企业理念及精神内涵所做的色彩表达与诠释，通过色彩的视觉强化功能增强企业或品牌的形象识别力。因此，标准色的设计要遵循以下原则：首先，企业的标准色应当能够充分体现企业的文化与精神内涵，将色彩本身的象征性与企业的行业特征充分融合，使标准色能够表达行业特征和企业个性的同时，还具备积极向上、诚信可靠等方面的含义指向；其次，标准色的设计还要充分考虑受众的色彩喜好，符合大部分受众的审美心理，充分体现受众的色彩联想。

标准色作为重要的视觉核心要素，一旦确定便不能轻易更改，同时基于视觉形象的媒体延展，除了要标注精确的CMYK参数，以保证在印刷品中精准的色彩效果外，还要考虑在屏幕媒体和互联网上的色彩显示效果，因此，RGB、HSB等色彩模式成为标准色标注的新参数标准（图6-6、图6-7）。

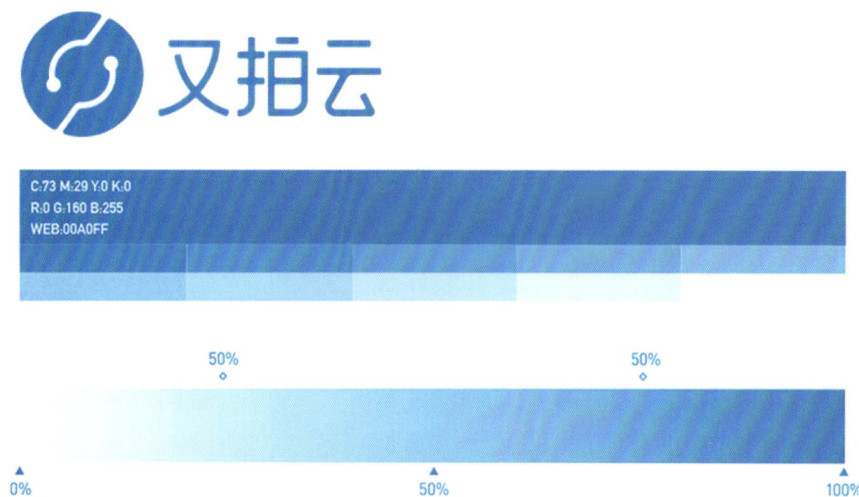

图6-6　标准色——"又拍云"云计算服务商

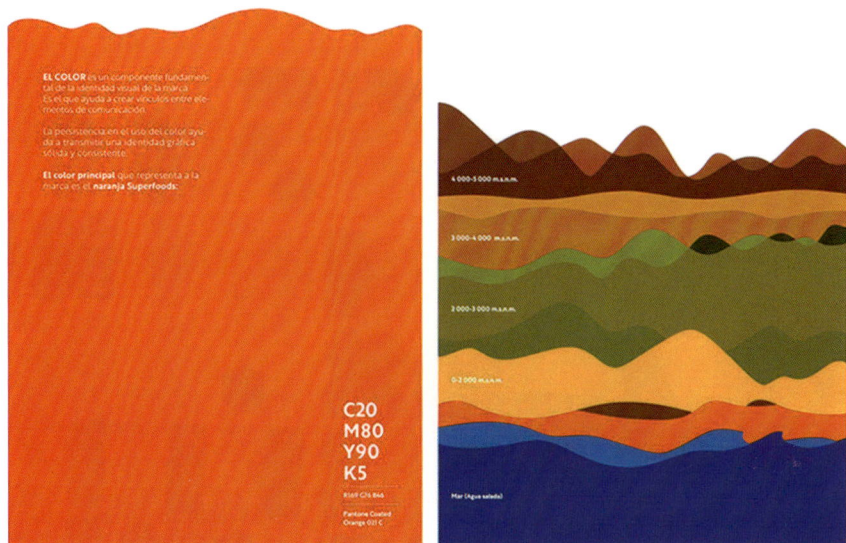

图6-7　标准色——秘鲁"超级食品"国家品牌

6.1.4 辅助图形

辅助图形是视觉识别系统中重要的辅助视觉要素，主要用于应用要素部分的各种载体的设计之中，作用在于强化形象识别、丰富视觉效果、烘托氛围气质并增强视觉识别系统的感染力。相对标志而言，辅助图形在设计和使用上拥有更大的自由度，其灵活多变的形象是对标志的重要补充和有效辅助。归结而言，辅助图形的设计需要把握与整体视觉形象之间变化与呼应的关系原则，需要设计师多元思考、反复尝试。因此，辅助图形的设计通常有以下三种方法可供选择和使用。第一，将标志图形的整体或局部重复编排，形成带有编排序列效果的辅助图形；第二，利用衍生、延展、重构和变化等手法对标志形态进行再创造，产生全新的但又与标志图形有密切呼应关系的辅助图形；第三，不依附于标志的重新设计，这种手法相对较难，因为新的辅助图形既要具备新颖的视觉效果，又要保持与标志以及整个视觉识别系统的内在联系。

辅助图形同标志一样，也可表现为多种类别与风格形式，其中，具象图形、满版编排的图案、抽象的点线面、各种组合穿插的色块等，都是辅助图形表现的常用形式（图6-8、图6-9）。

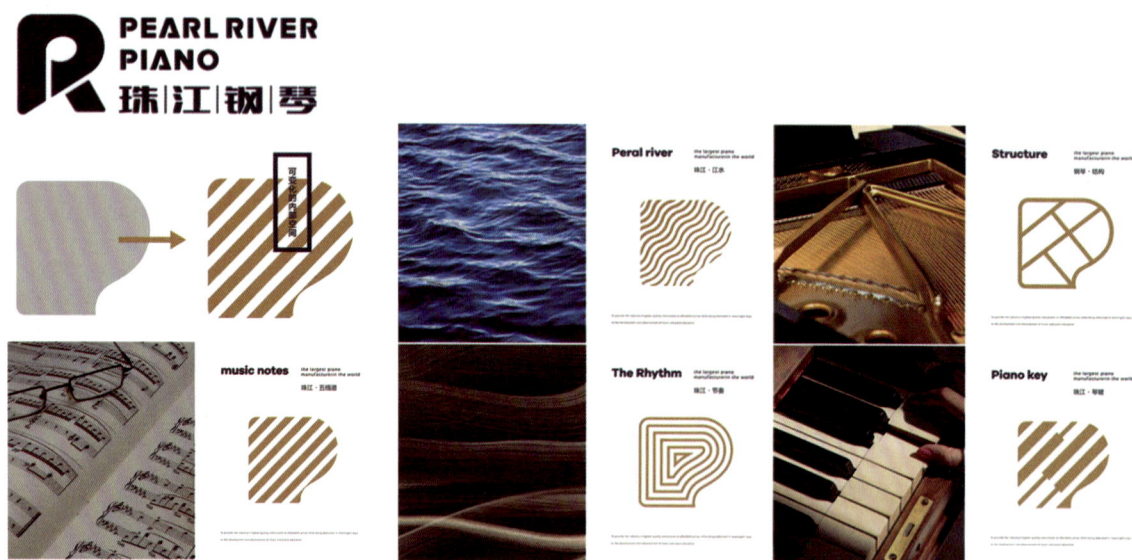

图6-8 辅助图形——珠江钢琴

图6-9 辅助图形——荷兰儿童合唱团Kinderen Voor Kinderen

6.1.5 吉祥物

吉祥物是原始人类在与大自然的抗争中逐渐形成的原始文明的产物。在这场与大自然的抗斗中，生存是第一需求，因此人类便逐渐形成了趋吉避凶的本能观念。中华民族的祖先创造了许多用以祈求万事顺利、追求幸福美好的象征物，这些事物因此被称为吉祥物，并在发展中逐渐形成了源远流长的中国吉祥文化，龙、凤、麒麟、龟这吉祥四灵便是中国古代吉祥物中的典型代表。归结而言，吉祥物是人们在事物固有的属性和特征上，着意加工而成的用以表达情感愿望的特别形象。在今天，吉祥物依然承袭了表达美好愿望的象征意义，同时还被赋予了设计对象的理念与内涵，从企业的角度来说，吉祥物融入了企业、品牌的形象与气质，承担着推广与传递企业形象的重要责任。除了企业，吉祥物的使用拓展到了任何有需要的领域，以奥运会、世博会为代表的各类赛事与活动，都离不开吉祥物的重要作用，吉祥物因而成为视觉识别系统中重要的辅助视觉要素。简单来说，吉祥物的设计首先必须符合形象生动而突出，在动作、着装、表情等方面有鲜明的个性特征和积极向上的含义表达，易于传播和记忆等特点，这就要求吉祥物的设计既要具有现代审美意趣，又要贴合具体实际，既要能体现设计对象的特征与理念，又要具备清晰的诉求力且易于被受众所接受。

在吉祥物的具体设计中，拟人与夸张是最为常用的创意手法。此外，随着时代的进步，吉祥物标志越发成为一种时尚，在原有形象的基础上设计衍生出更多的形态运用到不同的产品与载体之中，不仅强化了品牌形象的宣传力度，也满足了消费者的多样需求，通过对吉祥物及其周边产品的设计与开发，还能够为企业带来巨大的经济价值。另外，随着技术进步，吉祥物的表现也经历了从静态到动态，从图形到实体的变化，技术的进步与材料的发展为吉祥物的表现与传播提供了更多的途径（图6-10至图6-12）。

图6-10 吉祥物
——2019年中国男篮世界杯/"梦之子"

2018年4月18日，在2019年中国男篮世界杯倒计时500天之际，以龙为原型设计的卡通形象"梦之子"从数百件应征作品中脱颖而出，正式成为2019年国际篮联篮球世界杯的吉祥物。吉祥物创作团队（东道设计）负责人介绍了"梦之子"的设计构思理念：龙是中国祥瑞和友好的象征，也是世界所熟知的中国文化代表，故选用"龙"这个中国特有的图腾为原型，创作出吉祥物"梦之子"，它的得名，旨在传达智慧、坚持、力量、勇敢的中国精神。

图6-11 吉祥物
——2019年日本橄榄球世界杯/"Ren和G"

2018年1月26日，2019年世界杯橄榄球赛主办方在日本东京正式公布了本届赛事的吉祥物"Ren-G"。两个可爱的毛绒卡通人物分别带着白色和红色的帽子，胸前带有2019年橄榄球世界杯的LOGO。这两个可爱的吉祥物是父子关系，其中白色头发的父亲名字叫"Ren"，红色头发的儿子取名叫"G"。这次的吉祥物体现了橄榄球的五项价值观：正直、团结、热诚、纪律、尊重。

图6-12 吉祥物——济南野生动物世界/"奔奔"

6.1.6　标准制作规范

标准制作规范是指对标志、标准字、辅助图形、吉祥物、专用字体等要素所设定的在制作和应用方面的相关规范的总称，主要包括标准制图规范、最小尺寸规范、空间距离规范与专用字体规范四个规范类别。

（1）标准制图规范

标准制图规范是指为了使以标志为代表的基础视觉要素在具体的使用中能够保持形象的一贯统一性所使用的制图方式，主要分为角度弧度制图、网格制图、尺寸制图、比例制图四种方法，可根据实际需求选择使用。标准制图规范保证了标志等基础视觉要素在各种使用过程中表现的准确性与制作的高质量，极大地提升了相关工作的效率。

（2）最小尺寸规范

最小尺寸规范是对标志等基础视觉要素在缩小应用时的规范设定，目的是保障制作的可行性和要素显示的完整性和可识别性。最小尺寸规范的设定不仅需要结合视觉要素的形态特征，还需要对视觉要素的应用载体或环境做一个相对准确的设计预想，做到在精准、清晰、可识别的基础上尽可能小，以满足更多的小型载体的使用。

（3）空间距离规范

空间距离规范是指为了保护标志等视觉要素在使用过程中不被干扰和侵害所设置的保护性规范，又称为不可侵犯空间。特别是标志，在使用的过程中经常会同其他元素一同出现，为了避免同时出现所形成的视觉干扰和识别障碍，保障标志形象的完整性，须设置一定距离，保证标志拥有相对独立而充裕的展示空间。

（4）专用字体规范

专用字体规范是指根据设计对象的属性和特征，从已有字库中选择并设定一定数量的字体作为专用字体使用在各类有需要的地方。专用字体规范主要分为中文专用字体规范和英文专用字体规范两个类别，需要注意的是，选择字体的时候不仅要考虑行业特征，还要兼顾使用的载体，就企业或机构而言，对内用字一般正式严肃，对外用字则相对活泼时尚；在字体的选择上要粗细兼有、风格多元，在兼顾适合多种环境和用途的同时保持与标志及基础要素部分的内在统一性。

6.1.7　色彩应用规范

色彩应用规范是指以标准色为中心，针对应用要素设计过程中涉及的色彩应用所制定的一系列应用指导规范，主要包括辅助色规范与色彩的延展应用规范两个规范类别。

（1）辅助色规范

辅助色是标准色的有效补充，它的设定既丰富了视觉识别系统的色彩体系，又将色彩的使用限制在一定的范围之中，形成有条不紊的专用色彩体系，因此辅助色是色彩系统的重要组成部分。辅助色的设定要充分考虑与标准色之间的变化与协调关系，同时预测分析用色环境，以拓展视觉形象的色彩识别与表现空间为目的，以多元而统一的色彩表现强化视觉形象传播的广度与深度。

（2）色彩的延展应用规范

色彩的延展应用规范是指在标准色和辅助色以外的其他色彩应用规范，通常包括标志应用的背景色规范、标志的明度使用规范、色彩搭配规范以及有渐变色时的渐变色规范等内容，其目的也是使色彩的应用更加规范标准。

6.1.8　要素组合规范

要素组合规范是指基础视觉要素在组合使用时需要遵守的相关规范，其目的在于规范视觉要素的群体组合，保证视觉效果的统一与完整，提升形象传播的效果。要素组合规范包括常用组合规范与禁用组合规范两个规范类别。

（1）常用组合规范

常用组合规范主要是指标志、标准字、辅助图形、吉祥物等基础视觉要素的组合规范，排列方式通常有横排、竖排与特殊组合三种主要形式，包括标志与中英文简称的组合规范、标志与中英文全称的组合规范、标志与辅助图形的组合规范、标志与吉祥物的组合规范、标志与名称及宣传口号的组合规范等多种组合规范。

（2）禁用组合规范

在实际使用中，常用组合规范可能会因为某些主客观原因出现错误的组合形式，破坏视觉识别系统的统一性和完整性，形成视觉传播的障碍。因此，需要设立禁止组合规范来有效预防错误组合的发生。禁止组合规范通常包括对常用组合进行随意变形，在常用组合中添加其他的图形或符号，改变常用组合中基本要素的大小与色彩，给常用组合添加效果等错误形式。

6.1.9　设计与规范

在基础要素部分，设计与规范是两个相互制约的独立个体。其中，设计是前提，是打造基础视觉要素的根本条件，需要天马行空、大胆自由的想象力与创造力；规范是手段，是形成统一应用标准的主要方法，需要科学严谨的分析、归纳与整合。在基础要素中，拥有较高的创意设计水平的标志等基础视觉要素的应用表现虽然要受到规范的严格制约，但其目的却不是限制标志等视觉要素的表现，而是利用规范的力量来保护这些基础视觉要素，确保它们在各种载体中呈现最完美的视觉效果。因此，对于标志等基础视觉要素的标准化制作与使用都必须有严格的规范控制，强化视觉形象传播的统一性和标准化（图6-13）。

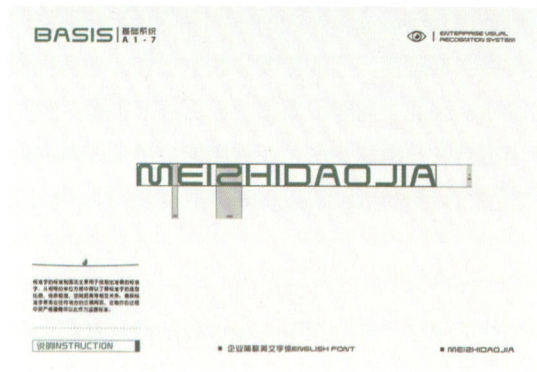

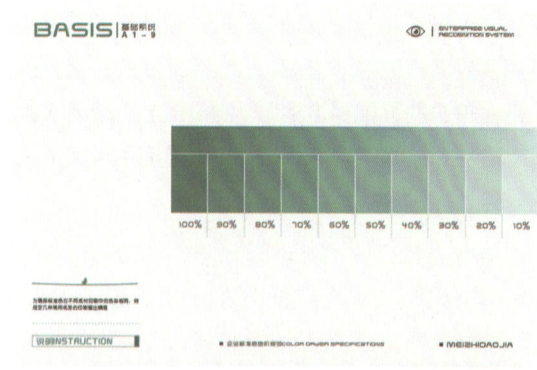

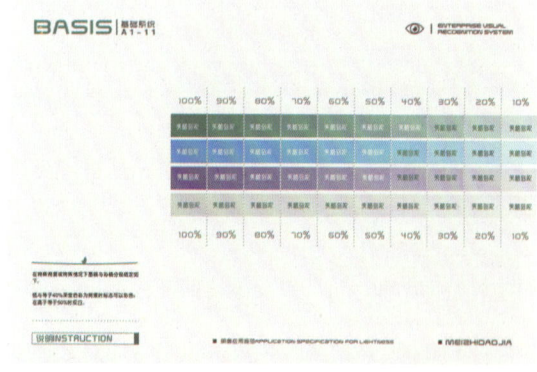

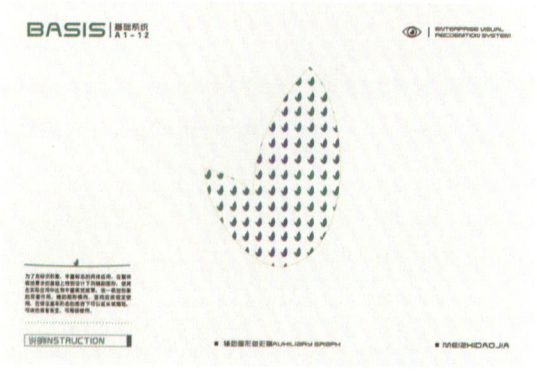

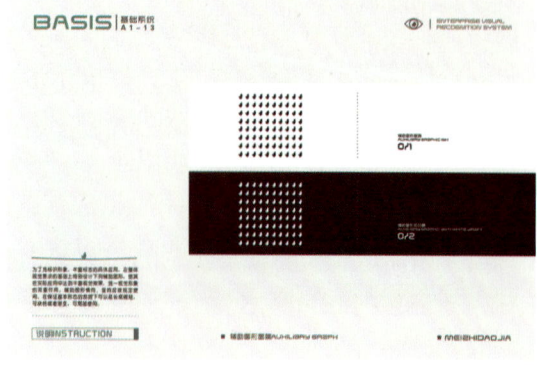

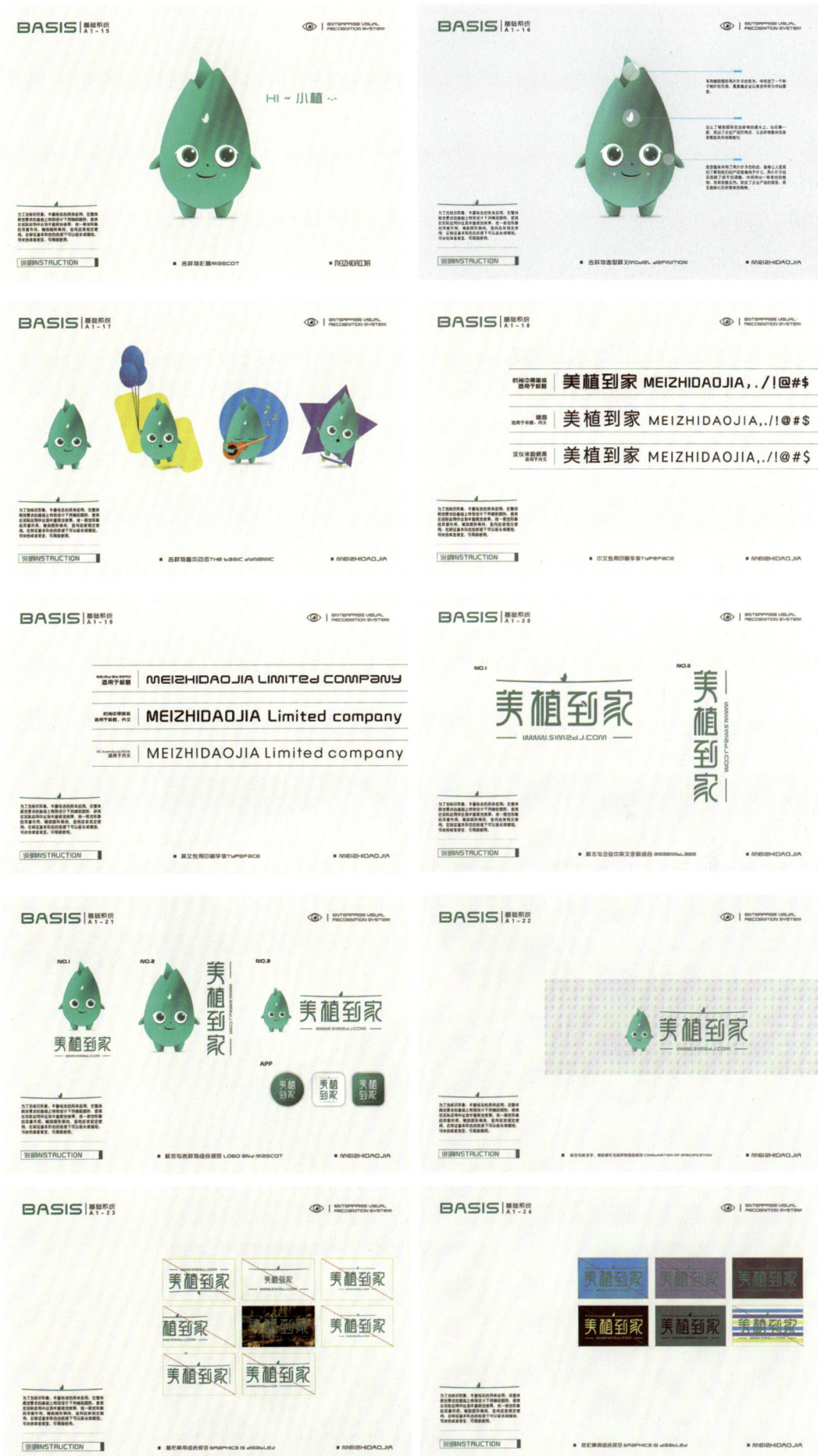

图6-13　基础要素设计——美植到家（王立峰、汪星宇）

6.2 应用要素设计

应用要素是视觉形象传播的载体与媒介，也是基础要素的拓展与延伸。以企业为例，应用要素主要包括办公事务系统、包装用品系统、广告宣传系统、交通运输系统、公关礼品系统、服装服饰系统、网络媒体系统、空间导视系统、室内外环境系统九个组成部分，广泛涉及企业形象传播的方方面面，因此在应用系统的开发与设计中，要以基础要素为中心，在设计规范的指导下充分结合不同载体与媒介的具体特性进行有针对性的设计，形成全方位、多角度的形象整合传播。

6.2.1 办公事务系统

办公事务系统主要是指对内规范使用的文件纸张、证件票据以及对外沟通交流的名片、请柬、信函等项目内容。从企业的角度来看，标准规范的办公事务系统对内能够强化企业的精神理念，提升企业凝聚力，促进统一行为规范的形成；对外能够传递信息，是企业对外信息交流的主要途径之一，因此办公事务系统的设计重点在于突出要传达的信息内容，利用简洁明快的形式展现企业或品牌的行业属性与个性特征，建立易识易记的企业视觉形象。以下列举了办公事务系统的一些具体项目以供参考，需根据具体的设计进行添加或删减，尽量避免无效设计。

办公事务系统主要包括名片、内部专用信封、对外专用信封、信纸、便笺、专用传真纸表头、专用文件夹、专用票据夹、专用合同夹、合同书规范格式、公文袋、档案袋、卷宗纸、档案盒、薪资袋、备忘录、简报、表格规范、工作证、出入证、来宾卡、办公用笔、笔记本、桌牌、名片盒、即时贴标签、聘书、奖杯、考勤卡、请假单、意见箱、稿件箱、徽章、旗帜、纸杯、茶杯、杯垫、公文包、通信录、财产编号牌、培训证书、企业专用职位牌、PPT演示背板标识规范、车辆出入证、接站牌、工号牌、胸卡、贵宾卡、来宾卡等内容（图6-14、图6-15）。

图6-14 莫斯科天文馆办公用品设计

图6-15 瑞典哥德堡美术馆办公用品设计

6.2.2 包装用品系统

包装是产品营销必不可少的重要宣传方式,也越发成为视觉识别系统中重要的信息识别载体。然而,包装设计是一项综合性的系统设计工作,包装不仅要具备保护和储运产品的功能,还要承担与消费者沟通,进而实现产品促销的作用。因此包装用品系统的设计重点在于企业或品牌形象在包装视觉设计中的明确表现,设计既能获得消费者喜爱,又能展现企业或品牌精神理念的包装。以下便是包装用品系统的一些具体项目,需结合实际有针对性地进行设计应用。

包装用品系统主要包括大件商品运输包装、包装箱、包装盒、包装纸、包装袋、产品系列包装、专用包装、容器包装、手提袋、胶带、包装贴纸、包装封缄、包装用绳、产品吊牌、合格证、产品标识卡、保修卡、质量通知书规范、说明书规范等内容(图6-16、图6-17)。

图6-16　可口可乐旗下Santa Clara乳制品包装设计

图6-17　英国Seabrook薯片包装设计

6.2.3　广告宣传系统

广告是信息传播和形象推广的重要手段方式，广告的作用不仅是推销产品，还能够让受众熟悉品牌、了解企业，建立品牌诚信与消费信仰。广告以其绝佳的创意表现与种类繁多的媒介形式成为视觉识别系统中极为重要的宣传推广手段，也是品牌、商家与受众沟通的重要桥梁，因此广告宣传系统的设计除了创意与表现，还要考虑到企业、品牌形象在各类广告中的标准化视觉传达，以便在多媒介广告传达中强化企业或品牌形象的统一与规范。以下便是广告宣传系统的部分具体项目，需根据企业的营销与广告策略有针对性地进行设计。

广告宣传系统主要包括电视广告标志定格、报纸广告版式规范、杂志广告版式规范、海报版式规范、人事广告版式规范、公司简介版式规范、产品简介版式规范、路牌广告版式规范、公交车体广告规范、擎天柱广告规范、墙体广告规范、楼顶广告规范、灯箱广告规范、条幅广告规范、霓虹灯标志表现、户外标志夜间效果、展板陈列规范、POP广告规范、DM版式规范等内容（图6-18、图6-19）。

图6-18　APS工业型材有限公司广告宣传用品设计

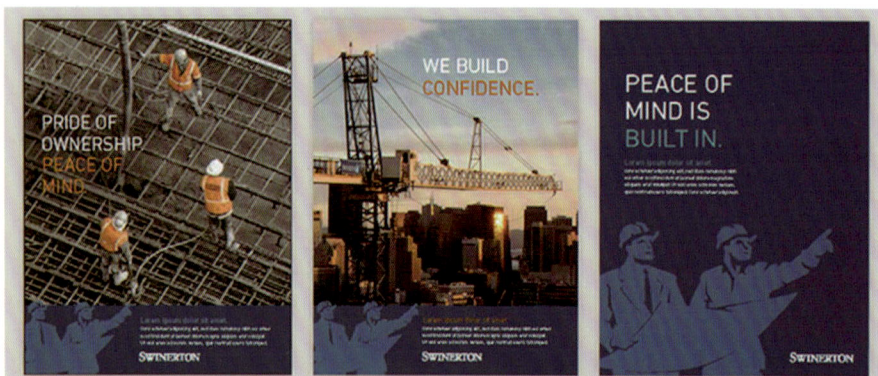

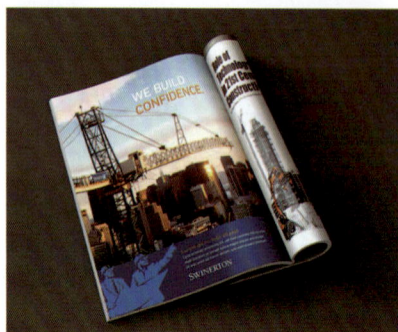

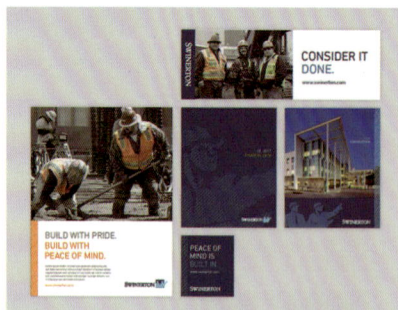

图6-19　世界顶级建筑公司Swinerton广告宣传用品设计

6.2.4 交通运输系统

交通运输系统对于企业而言，除了物流运输的基本功能外，还是有效的广告宣传工具，其重要性不言而喻。利用交通工具的流动性特点，能够将产品信息和企业形象传达到受众群体中。归结而言，交通运输系统这种独特的流动性户外广告能够有效提升信息的到达率，起到广告宣传的作用。以下是交通运输系统的部分具体项目，但由于企业规模和用途不同，对于交通工具的配备需求也有所不同，需结合具体实际有针对性地进行设计使用。

交通运输系统主要包括汽车类主要有公务车、客车、通勤车、运输货车、集装箱运输车、机车、拖车头、曳引车、堆高车、吊车、特殊车型等内容，对于以航空、船运、轨道、物流为代表的行业或企业还应增加飞机、列车、轮船等大型交通运输工具的设计（图6-20至图6-22）。

图6-20　宿务太平洋航空机身涂装及交通工具设计

图6-21 捷克国家铁路总局SŽDC的机车涂装设计

图6-22 香港电车车身涂装设计

6.2.5 公关礼品系统

公关礼品是企业或团体用于馈赠的各类用品的总称，对于企业而言，公关礼品的赠送范围非常广泛，既可以是客户、消费者、关系团体、合作伙伴等利益群体，也可以是员工等内部群体，其目的是促销产品，提升企业知名度，维系良好的合作关系进而促进企业的发展。公关礼品的种类非常多，在策划设计中应结合企业或团体实际设定礼品的种类与档次，做到礼品的配置合理，设计精美且有独特的个性，能够展现企业或团体的独特形象，具有较高的辨识度；同时制订完善的礼品使用标准，充分考虑礼品与产品之间的搭配度，做到礼有所值、物尽其用。公关礼品系统因企业或团体的不同会有较大的区别，应结合实际制订。

公关礼品系统主要包括礼赠用品、贺卡、请柬、邀请函、钥匙牌、鼠标垫、挂历版式规范、台历版式规范、日历卡版式规范、明信片版式规范、小型礼品盒、标识伞、吉祥物赠品、便条纸砖、礼金袋等内容（图6-23、图6-24）。

图6-23 德国广播电台Sputnik公关礼品设计

图6-24 意大利尤文图斯足球俱乐部公关礼品设计

6.2.6 服装服饰系统

视觉识别系统中的服装服饰系统，是指专为员工所设计的带有明显形象识别性的服装与服饰，需具备适用性、识别性与美观性三个特点。设计精良，带有明显的形象识别，统一而有个性的服装与配饰，对内不仅能够展现企业和员工良好的精神面貌，还能增强凝聚力，提升员工的责任心和企业归属感，间接反映出企业的综合实力；对外能向受众展现其统一规范的企业形象，提升消费者对企业的好感度，因此其重要性不言而喻。服装服饰系统的设计首先要考虑的是行业常规与企业个性之间的关系，需结合行业常规，同时利用独特的设计凸显企业的与众不同。其次是工种的限制，工装的设计要适用于不同的工作环境，给予员工在劳作中充分的自由与安全。再次是职位与层级的识别，利用不同的服装或服饰区别不同的职位与层级，在实际工作中不仅能够便于识别和管理，还能营造企业中人人平等的关系氛围。最后，季节的变化与性别的制约也是服装设计的重要因素之一。以下是服装服饰系统的大致具体项目，通常需结合上述四个需求具体制订。

服装服饰系统主要包括管理人员服装、春秋装衬衣、行政职员制服、生产职员制服、店面职员制服、展示职员制服、服务职员制服、工务职员制服、警卫职员制服、保洁职员制服、厨师职员制服、冬季防寒工作服、文化衫、徽章、胸饰、领带夹、领带、领巾、皮带、安全帽、工作帽、上岗证、雨具等内容（图6-25、图6-26）。

图6-25　德国汉莎航空制服设计

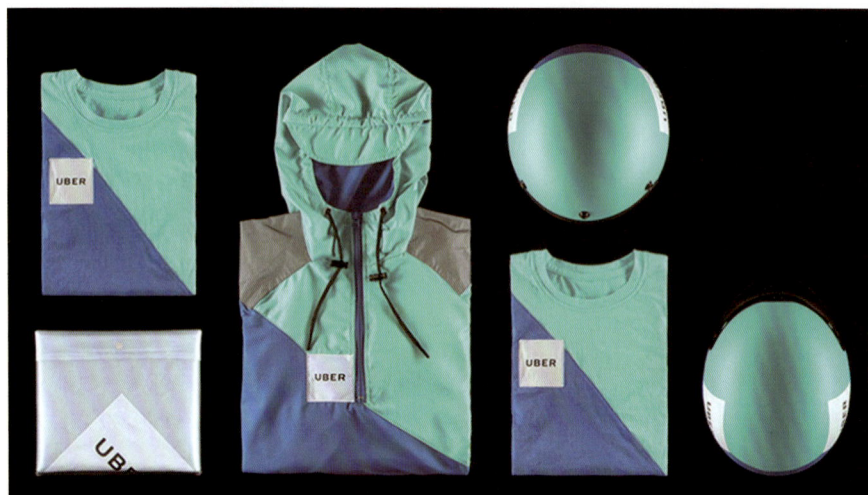

图6-26　优步（Uber）网约摩的服务（UberMOTO）服饰设计

6.2.7 网络媒体系统

在当代，网络与新媒体逐渐取代传统媒体，成为信息传播的主流媒体。网络媒体因为具备传播范围广、媒体形式丰富、信息存留时间长、动态多向交互以及多感官传达等特点，成为企业或团体信息传播的重要方式。同时，电子商务开启了企业进入网络营销的新时代，因此网络媒体系统逐渐成为视觉识别系统中不可缺少的重要组成部分。网络媒体系统的设计要以给浏览者或受众提供愉悦的视觉与使用体验为目标，在突出企业或品牌形象的基础上，充分利用网络多媒体动态传播的优势，增强网络媒体的表现效果；同时以人性化的设计提升网络媒体的用户好感度，进而获得更多的关注。

网络媒体系统主要包括网站、网络广告、电子邮件广告页面，以及随着移动互联网发展应运而生的手机客户端应用程序（APP）等内容（图6-27、图6-28）。

图6-27　美国录音学院（Recording Academy）网页设计

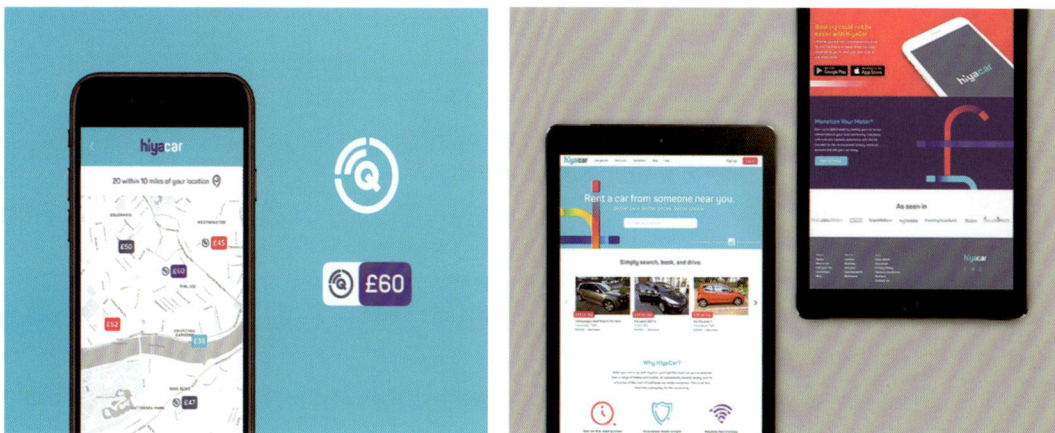

图6-28　英国汽车共享平台HiyaCar的APP与网页设计

6.2.8 空间导视系统

空间导视系统是指应用于室内外环境空间之中起导引、指示和说明的设计系统。空间导视系统是视觉识别系统的重要组成部分，除了指示、导引、信息传播等基本功能外，更是企业或团体的良好形象与人文关怀的重要展现。空间导视系统的设计是建筑环境设计与视觉传达设计的交叉领域，是整合品牌形象、建筑环境、交通节点、信息功能甚至媒体界面的系统化设计，广泛应用在企业环境、商业场所、公共设施、城市交通、生活社区等公共空间之中。因此，空间导视系统的设计需结合不同的环境空间类型进行整体规划，以简洁的符号体系形成明确的功能作用，以美观个性的外观形式展现企业或团体的精神与文化内涵，提升受众的认知程度。由于服务环境的多样化，空间导视系统的具体项目内容也不尽相同。

空间导视系统主要包括大楼户外招牌、园区名称标志牌、活动式招牌、大门入口指示、园区规模外观示意图、企业总平面图、楼层标志、办公室门牌、方向指引标志、公共设施标志、停车区域指示标志、立地式道路导向标志、安全警示标志、经营区平面图、经营区指示牌、接待台及背景板等内容（图6-29、图6-30）。

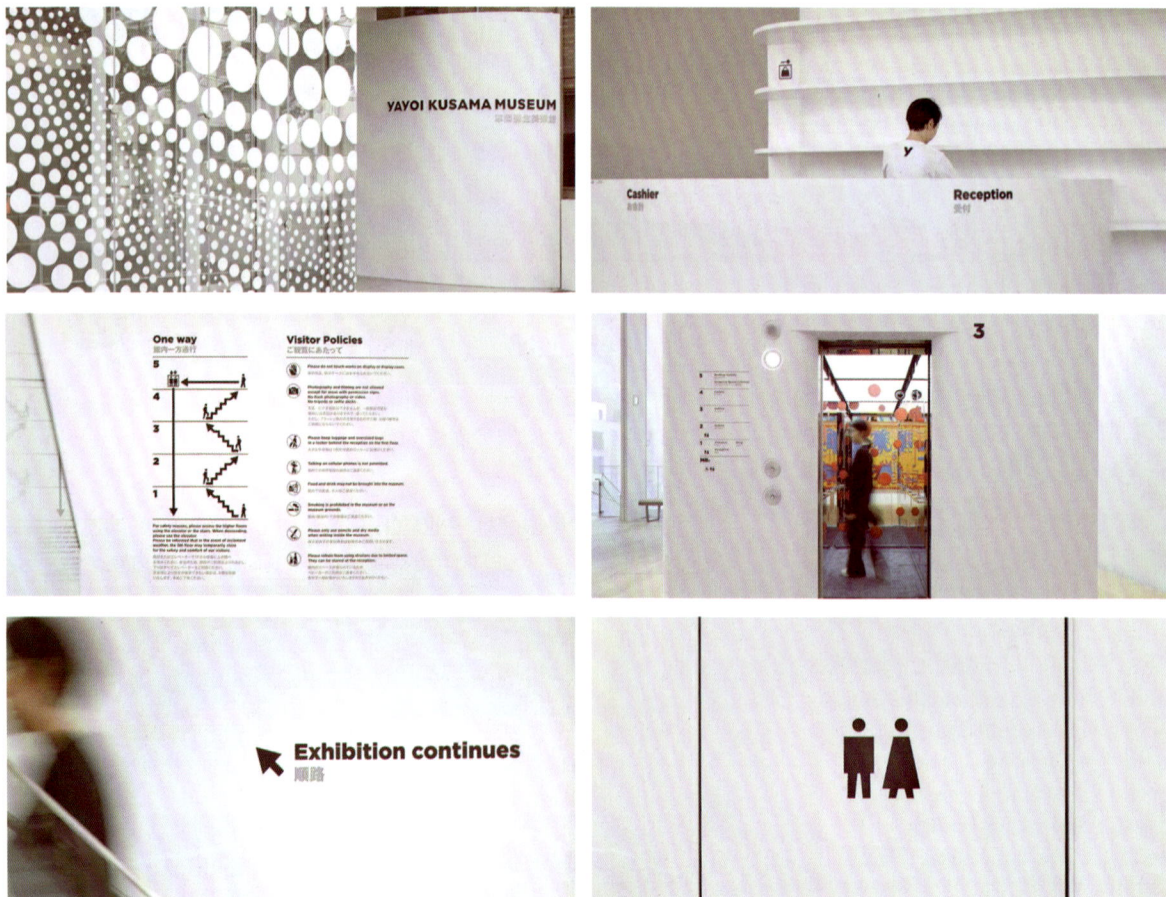

图6-29　东京草间弥生美术馆导视设计

图6-30 成都西来古镇导视设计

6.2.9 室内外环境系统

环境是企业开展生产经营活动的重要场所，不同的行业对环境的要求各自不同。简单来说，室内外环境系统设计是一项根据企业形象与品牌个性所展开的涉及建筑设计、景观设计、室内设计与视觉传达设计等多学科领域的综合设计系统。室内外环境空间的设计首先要满足作为不同环境空间的功能需求，其次是要将环境空间作为展示企业形象气质与文化内涵的识别符号，为受众打造理想的视觉空间环境，强化形象传播的力度。行业不同，决定了室内外环境设计的视觉差异。

室内外环境设计系统主要包括企业厂区及内部环境、品牌及商品的展示销售空间、餐饮酒店服务空间、展览展示空间等内容（图6-31、图6-32）。

图6-31　达芙妮专卖店空间设计

图6-32　阿布扎比国家石油公司室内外环境设计

6.3 VI手册制订

　　VI手册的制订是VI设计的最后一个环节，其目的是将已经设计完成的基础要素与应用要素进行整合梳理并编撰成册，形成条理清晰、前后有序的视觉识别系统的标准图册，这不仅有助于视觉识别系统完整、全面、有序地展示，对于使用者而言，更能直观地认识到VI导入的价值与意义，这对前期的工作有较强的巩固作用。其次，除了展示的作用，VI手册也是应用要素的执行与实施指南，能够为使用者提供清晰有效的执行思路与实施计划，保障VI导入的顺利进行。

　　VI手册的制订除了基础要素和应用要素两部分内容的编排设计外，作为一本完整的VI手册，通常还包括VI树的设计与手册本身的设计两部分内容。VI树又称为VI形象全景图，是将已经设计完成基础要素和应用要素中最具代表性的元素集中编排在一个有限的平面空间内，形成完整的视觉识别系统的全景式展现。VI树主要分为"树根"和"树枝"两个部分，树根部分的内容是VI的基础要素，展现的VI最核心的内容；树枝部分则是由应用要素的各个系统构成，体现了从基础要素到应用要素的整个延展过程。VI树的设计充分展现了整个视觉识别系统的组织关系，使用户在短时间内能够清楚了解视觉识别系统的全部项目组成。

　　VI手册的设计包括开本、封面、封底、目录页、章节页、正文页等内容的设计，需结合视觉识别系统的内容确定相应的版面风格与设计形式；同时由于VI手册作为企业或团体的重要文件的特殊性，在制作成册时选择适合的纸张、工艺与装订方式也是非常重要的，不仅能够彰显VI手册的价值，还能间接反映使用者的精神内涵（图6-33）。

图6-33　常食食品公司VI手册

7　CIS的应用延展与未来趋势

工业革命以后，随着经济全球化的不断推进，CIS登上了历史舞台，并初步显示出对商业发展无可替代的积极作用。此后，CIS开始了驰骋的脚步，足迹逐渐遍布世界各地，成就了在商业领域的无限辉煌。然而，辉煌过后，CIS也曾几度沉沦，CIS帮助IBM树立的"蓝色巨人"形象在20世纪90年代的一度崩塌，CIS在中国发展的一度不顺利，经历了近50年辉煌的CIS暴露出它的缺陷与负面效应，这一切都显示CIS并非是解决企业一切问题的灵丹妙药。

21世纪，是以消费者为中心的市场营销模式的时代，是信息技术与多媒体传播的时代，是设计以人为本的时代，更是促进人、社会与自然和谐可持续发展的时代，过往停留在为企业服务与产品推销观念的CIS战略也随着时代发展与社会进步逐渐改变与升华，人们越发意识到CIS的作用与价值可以延伸到任何有需要的领域，CIS成为形象塑造与整合传播最为有效的手段方式；同时，消费者从以往的单一生理需求转向生理与心理需求并重，以客户为中心的营销理念和让客户满意的优质服务，成为今天乃至未来CIS发展不可或缺的重要组成部分。

7.1　城市与个人形象设计的兴起

中国香港，亚洲最早打造品牌形象的城市之一。2001年，代表香港城市形象的"飞龙"标志正式对外发布，从金融中心、信息科技枢纽到香港城市品牌的新定位——亚洲国际都会，香港特区政府将单纯的"城市形象塑造工程"提升到了城市品牌营销的高度。2010年，香港著名设计师陈幼坚完成了对香港城市标志的完善与升级，较原有标志而言，新的标志更加简约而富有现代感，缤纷的色彩展现出香港在新时代发展的多元和活力。城市形象设计既可以是城市整体形象的设计，也可以是城市旅游形象的设计，是在城市定位与发展策略的基础上，以CIS理论为基础，在理念系统、行为系统与视觉识别系统的综合实施下进行，是现在乃至未来城市品牌管理的依据与守则。城市形象设计较早的成功案例当属1977年纽约市政府为了改变当时纽约市脏、乱、差的状况所推出的"I Love NY（我爱纽约）"的城市形象设计，该设计至今仍有深刻的影响力。此后，随着全球化进程的逐渐深入和城市之间竞争的日益激烈，欧洲国家的部分城市兴起了城市形象设计的热潮，这个潮流在20世纪90年代后期影响到了亚洲，特别是在进入21世纪以后，以中国为代表的亚洲国家开启了一系列城市形象设计与相关推广活动，城市形象设计成为打造城市品牌，建设城市核心竞争力，推进城市发展的重要战略武器。

是什么让奥巴马在2008年美国总统竞选中战胜希拉里和麦凯恩？又是什么让奥巴马在2012年能够战胜罗姆尼成功连任美国总统？奥巴马的成功很大程度上得力于他对个人形象的塑造，作为一名没有任何政治背景和财团支持的"草根"人士，奥巴马为自己的个人形象作了准确的定位，"年轻、时尚、黑人和改变",奥巴马将这样的定位很好地表现在了自己的竞选主张之中。奥巴马个人形象的徽标寓意"初升的红日",很好地诠释了奥巴马的竞选理念"Hope and Change",红、白、蓝三色的色彩系统以及大面积蓝色的使用给予了民众极强的信赖感和安全感。同时,一系列完整而细致的设计与推广将奥巴马的个人形象展示到美国的每一寸土地。归结而言,奥巴马的成功在很大程度归结于其个人形象的完美打造,优雅的举止、幽默的口才、平和的人格、幸福的家庭以及对危机事件处理的能力,奥巴马通过独特的个人形象设计征服了美国民众,获得了竞选的胜利。综上所述,个人形象设计与城市形象设计类似,都是利用CIS理论,通过对自身准确的定位,通过理念、行为和视觉识别,塑造个人品牌并向外界展示与推广的设计方式。时至今日,个人形象设计已成为公众人物营销自我、塑造品牌、推进个人事业进程的新兴手段(图7-1、图7-2)。

图7-1 波兰科沙林全新的城市形象设计——年轻而充满活力的城市形象

科沙林(Koszalin)是位于波兰北部西波美拉尼亚省的一座城市,距离波罗的海约15千米。多年来,科沙林一直采用一个由多种颜色搭配的手写体标志作为自己的城市品牌形象标志,而随着时间的推移,这个形象已经慢慢地被科沙林人淡忘了。为了能够给科沙林一个崭新的视觉形象,来自当地的一家设计公司专门为这个城市设计了一套全新的城市视觉形象系统。科沙林全新的城市形象标志类似一个盾牌符号,其外形的灵感来自科沙林城市的市徽,标志同时清楚地表达了科沙林是西波美拉尼亚的中心位置。该项目的设计师介绍:"我们希望通过自己的专业能力,将科沙林变成一个更加年轻、开放、充满活力和创造力的地方,吸引更多的青年人才,同时对投资、旅游的发展起到帮助作用,让它能够处于同类城市的前列。"

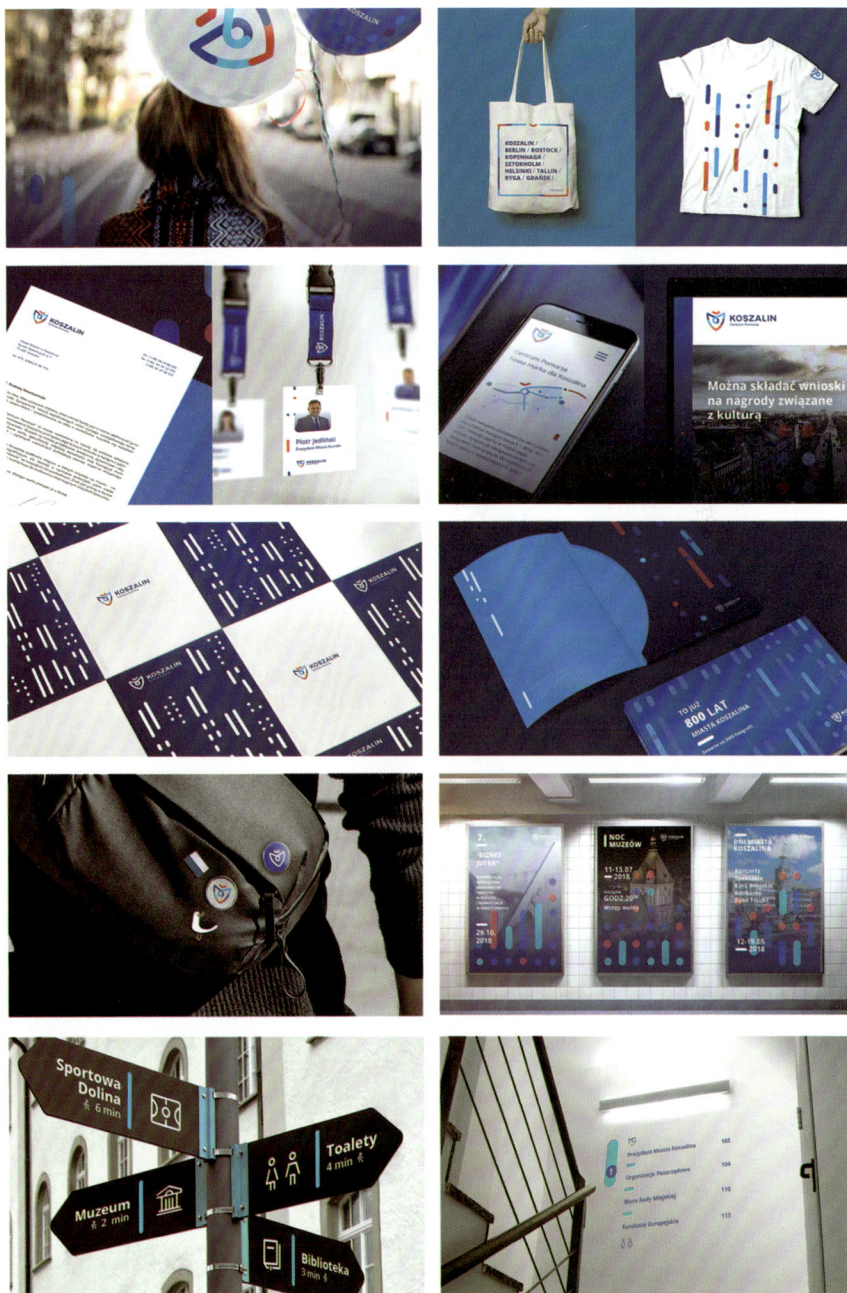

图7-2　谭维维个人形象识别系统——开启公众人物个人品牌形象设计的新方向

在当下时间维度里，"颜"和"识"这件事更加重要，倡导自我个性，追寻自身价值，是个人形象塑造的终极目的。谭维维的个人形象识别系统以时尚前卫的风格巧妙诠释了谭维维特立独行的处世方式与不随大流的生活态度，看似随意却又精致的标志与张扬又不跳脱的"维维红"是谭维维独特个性的最好展现。

7.2 品牌风潮席卷全球

　　品牌，现代消费社会的必然产物。品牌可以用于推销产品，但却不仅仅只是代表产品，品牌与产品、服务、企业息息相关，是推动企业发展的形象实体。在现代消费社会中，品牌不仅代表着优质的产品和服务，还是生活方式、地位阶层、文化信仰的集中体现，消费者选择品牌除了满足基本需求外，还希望通过品牌向外界展示一个他们渴望塑造的形象，这样的趋势在奢侈品消费中体现得极为明显。一个成功的品牌能够给予消费者极大的信任，这是企业想要塑造品牌的重要原因之一，因为品牌不仅代表着当下，还能为可预见的未来许下坚定的承诺。

　　随着社会消费价值观的改变，以企业和产品为中心的，旨在为企业塑造名牌形象的CIS战略已经不再适应时代发展的需求，取而代之的是以市场为中心、致力于让消费者满意的品牌设计。优秀的品牌不仅仅是一个品牌标志和一系列营销推广设计，而是基于能够帮助企业创造独特的品牌形象力价值的正确品牌定义下的整合视觉沟通。然而，品牌对于消费者来说，其精致美观的外在代表的是一次又一次始终如一的产品、服务与愉悦舒适的消费体验，这不仅能够培养与消费者之间的情感联系，还能创造消费者终身的品牌信仰。在全球最大传播集团WPP旗下的调研公司凯度华明通略（Millward Brown）于2017年6月6日发布的"2017年BrandZ最具价值全球品牌100强"的品牌报告中，美国苹果电脑公司排名第2位，这充分显示了苹果公司在现代商业社会中的品牌领导地位。自1976年创立以来，苹果公司以创新而人性化的产品，卓越的客户服务与店内体验赢得了全球消费者的好感，其崇尚"科技创新"的品牌核心价值也促使企业在时代发展中不断超越，成为永恒（图7-3）。

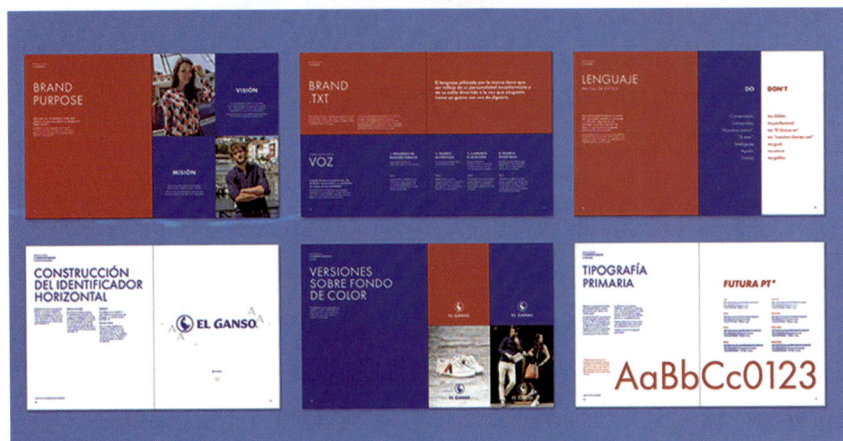

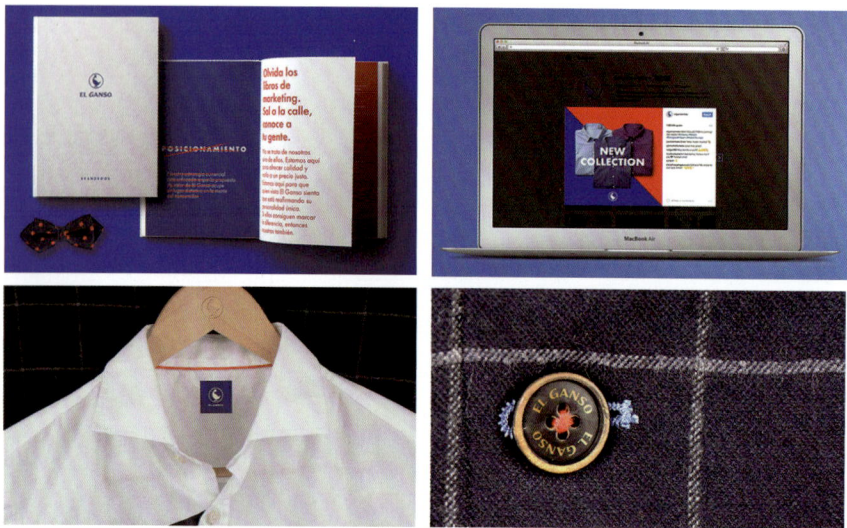

图7-3 西班牙知名时装品牌El Ganso——适应国际化市场营销的新形象

西班牙知名时装品牌El Ganso由西班牙人Alvaro和Clemente Cebrain两兄弟创立于2004年，总部位于西班牙马德里，在欧洲设计和生产，主营平价成衣（男装、女装、童装）以及鞋履和配饰。2015年年底，全球头号奢侈品集团LVMH收购了El Ganso控股公司49%股权，并迅速往国际化市场扩张。El Ganso在西班牙语中是"鹅"的意思，所以El Ganso的品牌LOGO中直接采用鹅的剪影作为自己的品牌标志。2017年，El Ganso宣布重塑品牌形象。新标志在保留"鹅"图形不变的情况下设计更换了全新的文字字体，同时调整了标志图形、品牌颜色、图文比例，试图让新形象能够更符合国际化市场营销的应用和传播。

7.3　以少见多的极简时尚

密斯·凡·德罗（Ludwig Mies Van der Rohe），20世纪初德国著名的现代主义建筑大师，他主张建筑设计应当以实用和极简为主，因此提出了"少则多"的设计理念。"少则多"的设计理念从建筑设计领域开始，蔓延到绘画、音乐、时尚和设计领域，逐渐成为适用于各种设计领域的极简主义设计风格。在喧嚣热闹、拥挤嘈杂的市场环境中，极简风格以其干净的外观、精致的细节、淡然的气质成为CIS设计追求的时尚与新境界。

然而，一个优秀的极简设计却并不简单，看似简单的外表实则赋予了作品更多的实用性，以充分的想象空间来调动受众获取信息的主动性，因此其传达的效果不言而喻。这种以少见多的极简时尚的"少"，首先体现在只使用必要的元素，通过给设计减负，使其变得实用而轻便，呈现出更加干净精致的外观形象；其次，这个"少"还体现在充分考虑受众的需求方面，只留下受众需要的内容与功能，这样的"少"远胜于东拼西凑的所谓的丰富效果。而"多"则是体现在还原设计的本质，以最简单的元素去展示最重要的信息，没有视觉的干扰，也没有信息的混乱，设计对象的诉求得以诠释，受众的需求得以满足，设计的作用得以彰显。此外，极简设计也反映了与自然和谐相处的低碳生活方式，这种可持续发展的设计理念融入CIS的设计之中，能够赋予企业与品牌更为持久的形象生命力。瑞典宜家家居就将北欧人崇尚简单自在的生活方式与极简设计的理念充分融合到了其产品与品牌形象设计之中，其简单而自明的产品设计不仅极大地便捷了人们的生活，宜家简洁清新的品牌形象也因此深入世界人民的心中（图7-4）。

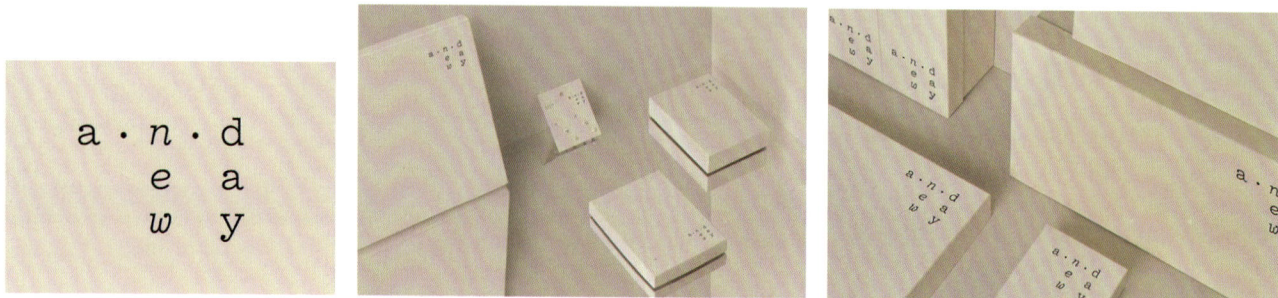

图7-4　美国女式快时尚品牌A New Day——简约而不简单

　　2017年秋季，美国塔吉特百货（Target）宣布将陆续推出大约12个全新品牌，"A New Day（新的一天）"是其中一个品牌。"A New Day"重点关注女性成衣，包括上衣、下装与配饰，这个全新的品牌将代替Target之前的另外一个女装品牌Merona。2018年年初，位于旧金山的设计公司Weare collins为其设计了全新的识别形象。Weare collins负责新品牌的命名和品牌标志设计，新的名称"A New Day"将目标消费群体的每一天都视为他们生活中的新的开始。以"A New Day"字母构成的标志通过新颖的设计编排，组成首字母缩略词"and"，被用作辅助命名，以强调服装与每位消费者自己独特的风格相结合。

7.4　空间规格化设计的普遍化

　　空间规格化设计，又称为空间识别（Space Identity），是结合时代发展与营销模式转变，从VI系统应用要素中的室内外环境系统设计发展而来，主要是针对同一品牌下的连锁、专卖和加盟经营的店铺形象系统设计，其目的在于通过统一整体的店铺形象强化消费者对品牌形象的认知和记忆，营造统一而个性化的品牌营销形象。作为品牌营销最重要的外在形象之一的店铺，其数量、规模与设计直接体现品牌与企业的综合实力，其设计的重要性不言而喻。与传统的店铺设计不同，空间规格化设计强调店铺内外空间设计的系统化和统一性，因此能够充分解决因为位置区别、形态异同、面积差异所带来的多空间设计难以形成统一形象的问题，形成兼具个性和统一的店铺整体视觉形象；同时空间规格化设计还能节省费用和缩短工时，便于店铺的快速扩张和统一管理。

　　肯德基（Kentucky Fried Chicken），又称肯塔基州炸鸡，简称KFC，是全球第二大速食及最大的炸鸡连锁企业，1952年由哈兰·山德士上校（Colonel Harland Sanders）创建。到目前为止，肯德基在全球80多个国家有14000多家连锁店，其成功的经验不仅在于其产品的核心竞争力和以顾客为中心的优质服务，还在于其使用了先进的特许经营模式，特别是在中国，特许经营模式为肯德基在中国的快速扩张立下了汗马功劳。肯德基特许经营模式中尤为重要的一个环节便是空间规格化设计的使用，它使得肯德基在全球的每一家门店都保持了统一完整的品牌形象。空间规格化设计能够结合具体的空间环境实际，以比例替代尺寸，使用弹性规范原则将不同的空间打造成统一完整的规范环境形象，准确完整地将肯德基的品牌形象延续到了全球每一个有连锁门店的地方。归结而言，空间规格化设计的普遍化是对CIS的补充和拓展，不仅将品牌形象在空间领域的应用与展现提升到了标准化作业的执行高度，同时将店铺形象管理纳入规范化的管理系统，强化了CIS与品牌战略的执行深度（图7-5）。

图7-5　杭州"它宅"品牌设计——不止是一间宠物酒店

由你好大海品牌设计倾力打造的杭州它宅宠物酒店，致力于为宠物及饲主提供专业、便捷、人性化的城市宠物酒店服务。其专业完善的空间规格化设计不仅保证了它宅的每一处酒店都拥有统一、完整、规范的环境形象，还强化了它宅个性化的品牌形象；同时，崇尚简约舒适的日式风格的整体形象设计更是将它宅"不止是一间宠物酒店"的品牌理念延续到了每一个有它宅的地方。

7.5 动态传播的技术引领

2000年，德国汉诺威世界博览会在新世纪之初向全世界展示了一款具有里程碑意义的标志，该标志不仅巧妙诠释了汉诺威世界博览会"人·自然·技术：展示一个全新的世界"的会议主题，还表达了主设计师迈克尔·加尔斯（Michael Gals）所阐释的"保持运动、思维灵活、勇于创新，运用智慧推动世界向前发展"的新世纪人类生活的理想状态。汉诺威世界博览会的标志被称作"会呼吸的标志"，由德国奎恩工作室（German studio QWER）主持设计，该标志由一个没有固定形状的波纹图形与"EXPO2000 HANNOVER"文字组成。奎恩工作室的创意记录这样写道："它是一个能根据不同场合改变结构和色彩的波纹图形，在整体结构不变的情况下适合呈现出不同的运动状态。它充满动感，仿佛只有高倍相机才能抓拍它下一刻的游走。它又像一种难以捕捉的现象，充满了未知和不确定。"汉诺威世界博览会的标志将先进的理念与完美的技术巧妙结合，适用于印刷、动画、屏幕和网络等多种媒介传播，向世界展示和表达了可持续发展的真正内涵。同时，汉诺威世界博览会开创了标志与CIS设计领域利用动态传播技术的先河，使得汉诺威世界博览会成为世界人民心中最具独特性的一届世纪盛会。

在当代，以屏幕媒体和动态技术为代表的数字媒体为CIS的设计、表现与传播带来了前所未有的新转变。这首先体现在CIS的传播由静态的单向传播开始转向动态的交互传播，通过增强CIS与受众的深度互动促进品牌的深度传播。其次，屏幕媒体和动态技术拓展了CIS的传播途径，丰富了受众的信息接收方式，强化了CIS传播的广度。此外，从另一个角度来说，适时地在CIS中利用动态传播的技术力量也充分展现了企业紧随时代发展，积极进取的精神与风貌（图7-6）。

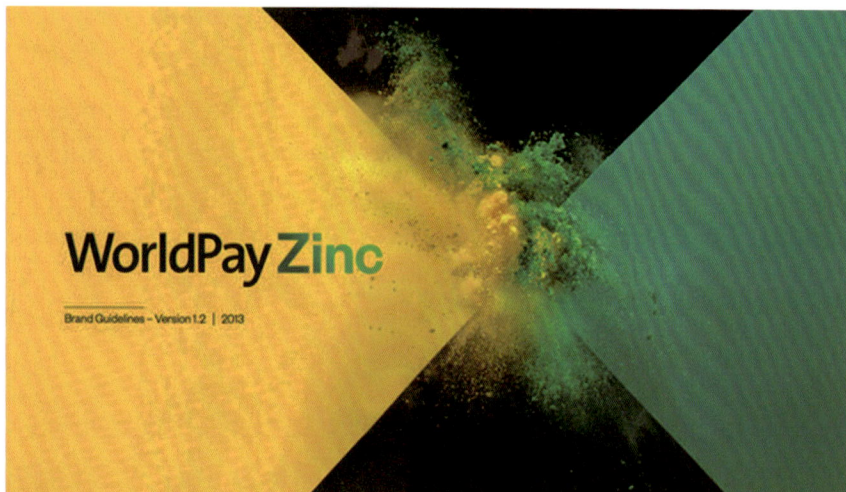

图7-6 英国全新信用卡付款品牌WorldPay
Zinc——科技的力量

WorldPay是欧洲最大的银行卡收单服务商，
也是全球主要的收单机构之一，业务覆盖英国、美
国等40多个国家和地区，拥有40多万家实体商户，
并运营数千家航空、旅游、游戏、租车等知名网上
商户。2013年，WorldPay专为中小企业推出简单灵
活的信用卡快捷支付管理工具Zinc，并邀请英国
设计机构Some One为其创建了全新的品牌形象。
Zinc的标志是使用高速摄像机拍摄的由两种不同
颜色的颜料碰撞而形成强烈的瞬间视觉效果，所
以没有固定的形式。设计师马克·史密斯（Mark
Smith）介绍，两种不同颜色的颜料碰撞表现出卖
家和买家迅速地走到一起，强调了Zinc便捷的付
款速度。

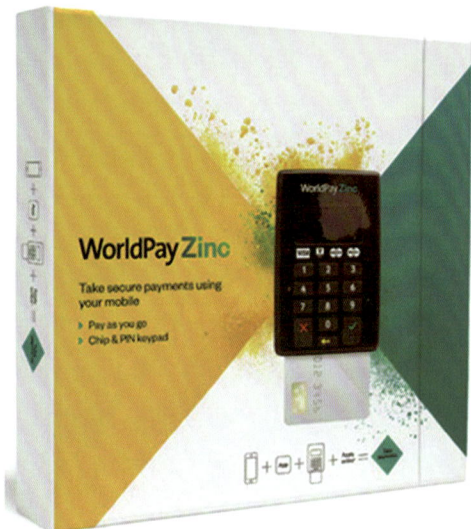

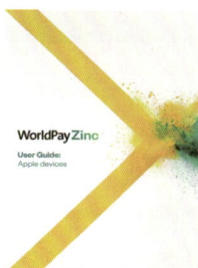

7.6 商业传播的环保与可持续化趋势

　　随着商业领域竞争的日趋激烈化，品牌如何才能获得可持续发展的最大空间，是加大在宣传方面的投入还是加速经营扩张的脚步呢？这样的方式通常会引发一场场商业大战，加剧市场竞争，但消费者则不见得会为这些铺天盖地的广告以及遍地开花的店铺买单，因为这些方式除了会引发消费者无以复加的视觉疲惫以外，对企业和品牌的品质化生存与发展并没有多大的实质性好处。因此，今天的商业传播应当顺应环保与可持续化趋势，坚持节约化设计与适度传播的原则，合理配置媒体资源，提升信息传播的效率。

　　来自美国的星巴克咖啡连锁店就以自身的发展充分展示了如何在商业社会获得品质化生存与发展的空间。首先，星巴克咖啡一直坚持带给消费者最好的产品品质，因此他们拒绝通过加盟来实现快速扩张，同时坚持选用最高级的自然咖啡豆，保证了其产品的核心竞争力；其次，星巴克的美人鱼标志随时代变迁几经简化设计，越发绽放出经典的品牌光芒。但是在今天，之前随处可见的美人鱼标志却变得越来越少见，取而代之的是精心设计打造的店面环境、产品包装、宣传广告与设计衍生品，星巴克开始推广"用'星'说和用'星'做"的品牌发展理念，强化在产品与包装、店铺环境与网络配置、店铺服务等方面的创新与提升，坚持"煮好每一杯咖啡，把握好每一个细节"的经营理念，让消费者对星巴克的认知不只是停留在一个图形的层面上，而是提升到优质的产品与服务、舒适惬意的消费环境等品牌层次高度，这些做法为品牌发展赢得了更多可持续发展的生存空间。此外，在星巴克的品牌形象的塑造过程中，对美的坚持从未停止过，美好的产品，美好的包装与广告，美好的环境与氛围，这种对美的坚持与可持续化成为培育消费者忠诚度的重要手段，星巴克也因此成为全球咖啡行业当之无愧的领航者（图7-7）。

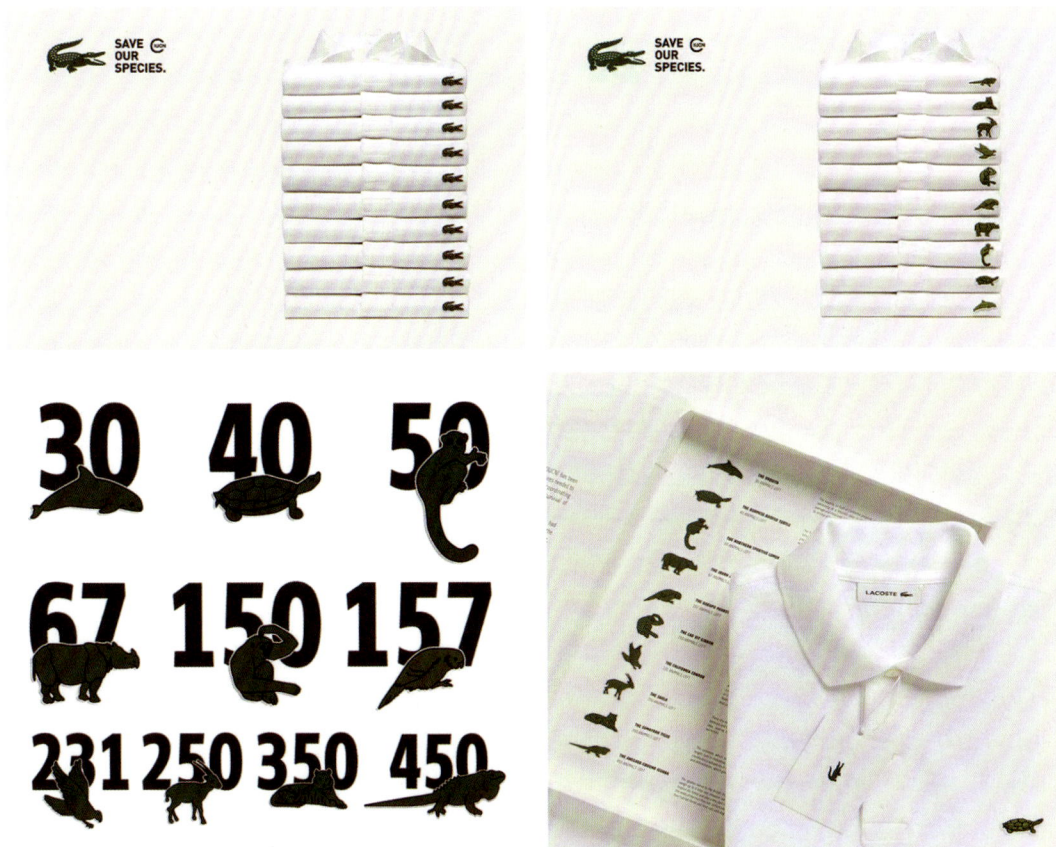

图7-7　法国时尚品牌Lacoste——商业传播的新趋势

　　法国时尚品牌Lacoste在2018年3月将服饰上的经典鳄鱼标志更换成地球上10种最濒危的珍稀物种，这是Lacoste创立以来首度出现新品牌标志。Lacoste将经典白色polo衫胸前全球驰名的绿色鳄鱼标志更换成苏门答腊虎、爪哇犀牛、东部黑冠长臂猿、加湾鼠海豚、加州神鹫等10种动物形象，以此呼吁拯救地球濒危物种。这批限量商品是Lacoste与保育团体"拯救地球物种"（Save Our Species）联手进行的慈善活动，各款polo衫开卖的数量相当于每一种受威胁物种在野外的剩余数量，巴黎时装周落幕后，这批售价150欧元（183美元）的限量商品上市仅数小时便几乎售罄。

7.7　回归传统的设计新思路

　　在经历了早期的巨大成功与20世纪末期的短暂迷茫之后，迎着新世纪的曙光，伴随着中国经济快速发展的脚步，CIS在中国进入了发展的新阶段。中国市场经济的不断健全无疑为CIS理论的研究与发展提供了良好的土壤环境；中国法制建设的不断加强与企业、国民法制意识的不断提升，重信守诺已成为企业形象塑造的核心思想之一。更重要的是，依托5000年悠久的中国传统文化艺术，从中挖掘设计资源寻找创作灵感，同时遵循时代发展的审美转变与人性关怀，用现代设计的理念与手法进行设计创新，这将是CIS在中国发展的设计新思路。

　　早在1981年，中国香港著名设计师靳埭强就利用中国古代的圆形方孔钱和"中"字作为设计元素，为中国银行设计了标志并成功导入CIS，这个标志的设计充分展现了中国传统文化与现代设计的完美融合，因此至今仍具有深厚的影响力。在以靳埭强、陈幼坚、韩秉华为代表的中国香港设计师的诸多CIS作品中，中国传统文化一次又一次焕发出适应时代需求的活力新姿。此后，随着中国经济的不断发展与改革开放进程的不断深入，越来越多的中国企业从传统文化艺术中获取设计灵感塑造了更多优秀而独特的品牌形象，同时，传统文化与中式哲学还为中国企业建设企业文化、追本溯源提供了深厚的文化意识基础，博大精深的中国传统文化当仁不让地成为当代CIS设计具有重要影响力的设计资源。2016年11月，"中央电视台2017年黄金资源广告招标暨国家品牌计划签约仪式"正式举行，来自各行各业共计二十余家顶级品牌企业成功入选央视国家品牌计划。2017年4月，国务院将每年的5月10日设立为中国品牌日，中国品牌日的标志整体是一个由篆书"品"字为核心的三足圆鼎形中国印，象征着品牌发展是中国的兴国之策、富国之道和强国之法，体现了中国品牌重信守诺的企业精神和中国品牌发展的国家意志，这一切都展示出CIS在中国发展的新气象，也印证了传统文化艺术必将成为中国当代CIS设计不可或缺的重要灵感源泉（图7-8）。

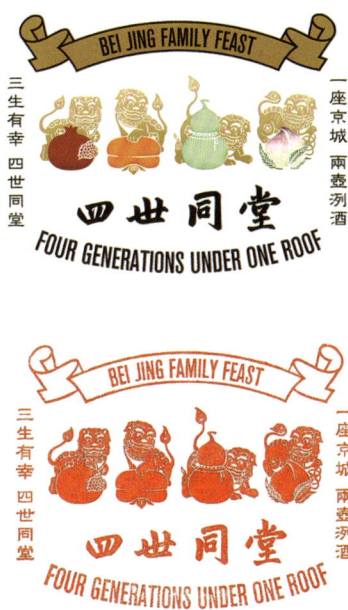

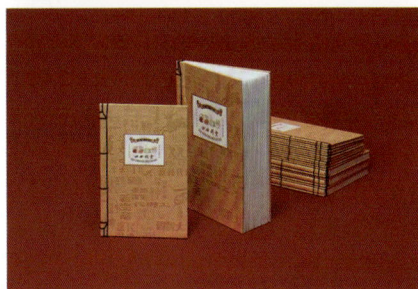

图7-8 北京"四世同堂"餐厅——打造京城家宴第一品牌

四世同堂是北京一家以中式家宴为特色的餐厅，"北京容品牌"在为其进行品牌塑造的过程中，充分利用民国老北京文化、福禄寿喜吉祥文化、四世同堂家文化三种中国传统文化，力求将四世同堂餐厅打造成京城家宴第一品牌。因此，四世同堂的标志利用"四世"谐音的"四狮"的北狮形象，将狮子踩着的绣球置换为寓意福、禄、寿、喜的石榴、葫芦、桃子、柿子四个果子，结合老北京的堂匾与招幌的构成形式，展现出四世同堂作为老北京特色餐饮品牌的不凡气度。

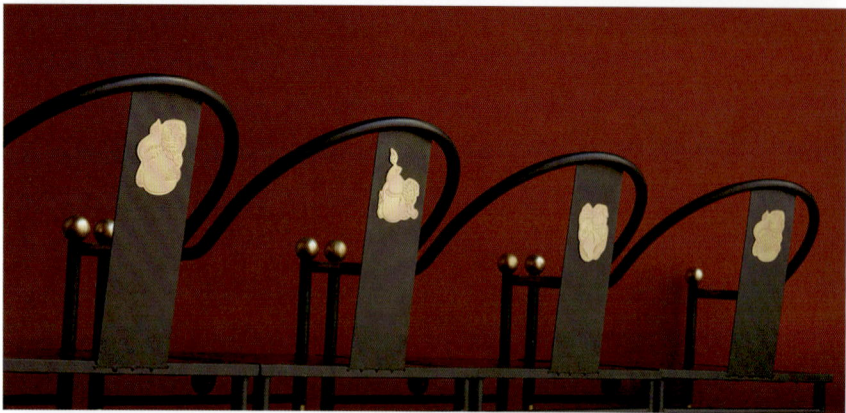

由于CIS应用领域的不断拓展，关于其应用延展与未来发展趋势的探索就必将展示出更加重要的作用。随着品牌设计在全球的不断蔓延，城市与个人也将品牌形象设计纳入其发展的轨道，人们也终将认识到商业传播必将遵循环保与可持续化发展的趋势才能为品牌赢得更加广阔的发展空间，而作为品牌形象塑造的重要组成部分的环境空间设计也因此走上了规格化与标准化的道路。新时代受众群体多元化的审美喜好也使得多种风格的CIS在这个时代得以共存与争鸣，凸显功能之上的极简风格用极致的"少"成为品牌设计领域的新宠，而追求设计的返璞归真则成为这场角逐中的一匹黑马，与新兴的媒体技术一起创造出属于这个时代独一无二的视觉时尚。归结而言，CIS理论的发展应当随时代进步而不断创新和完善，因此本书的见解仅可为一得之见，部分展示了CIS在当代发展的现状与未来的一些可见性趋势，期望能够投砾引珠，引发更多关于CIS发展的研究，共同探索CIS设计中更广阔的空间和更多元的可能。

参 考 文 献 ⋯⋯⋯⋯⋯⋯⋯⋯⋯⋯⋯

[1] 郦亭亭. 动态标志：全球创意标志设计案例[M]. 北京：北京美术摄影出版社，2016.

[2] 凯瑟琳·斯莱德-布鲁金. 成功品牌设计：平面设计师手册[M]. 时雨，译. 桂林：广西师范大学出版社，2017.

[3] 靳埭强. 城市形象设计实践与教学：以重庆城市形象设计为范例[M]. 桂林：广西师范大学出版社，2013.

[4] 成朝晖. 人间·空间·时间——城市形象系统设计研究[M]. 杭州：中国美术学院出版社，2011.

[5] 孙大旺. 品牌设计零距离[M]. 上海：同济大学出版社，2016.

[6] 善本出版有限公司. 少则多：以密斯·凡德罗的哲学做减法设计[M]. 北京：人民邮电出版社，2017.

[7] 善本出版有限公司. 黑白灰设计：摒弃有彩色的设计法则[M]. 北京：人民邮电出版社，2016.

[8] 伊万·谢梅耶夫，汤姆·盖斯玛，萨基·哈维夫. 品牌标志设计：美国神话级设计公司经典商标设计法则[M]. 黎名蔚，译. 北京：北京美术摄影出版社，2014.

120